KB066003

교육봉사

- 교육을 통한 나눔의 실천 -

고홍월 · 김은하 · 두경희 공저

학지사

머리말

　이 책은 예비교사나 교육봉사자가 교육현장에서 초·중·고등학생을 지도할 때 유용하게 활용할 수 있는 지침서다. 교육경력이 많지 않은 예비교사나 교육봉사자가 아동·청소년을 이해하거나 학생을 지도할 때는 내용과 방법에 대한 높은 지적 요구를 필요로 한다. 몇 년 동안 대학생 교육봉사를 지도해 온 연구진은 예비교사와 교육봉사자의 요구를 반영하여 현장 적용이 용이한 이 책을 집필하게 되었다.

　2006년부터 시작한 서울대학교 사범대학의 SNU Active Mentoring 프로그램(서울대학교 SAM 멘토링 프로그램)으로 수백 명의 대학생이 초·중학교에서 학생을 지도하게 되었다. 이들은 현직교사처럼 정규수업을 진행하는 것이 아니라 봉사 형태로 방과 후 수업 및 활동을 지도하였다. 그러나 젊은 대학생들이 사랑을 가득 담고 열정적으로 교육현장에 갔지만, 막상 학생들을 만나자 무엇을 어떻게 해야 할지 너무 막막했다고 호소하였다. 이들은 여러 가지 어려움을 호소하였지만, 지도법에 대해 학습하면서 어느 정도 효과를 보았다고 하였다. 현실적으로 아동·청소년을 지도하기 위해서는 학생들의 특성이 무엇인지, 학생들에게 무엇을 어떻게, 어느 수준에 맞춰 지도해야 하는지 등이 예비교사와 교육봉사자의 관심사가 되어야 한다. 몇 년 동안 이러한 활동을 하는 대학생들을 지도하면서 교육봉사에 필요한 전반적인 내용을 이 책에 담고자 하였다.

　이 책을 기획하는 과정에서 이 책의 필요성을 더욱 느끼게 된 계기가 바로 교원 양성에 관한 법령 개정이다. 교육과학기술부에서 교직과정 이수기준을 강화하면서 교육대학과 사범대학에서 교육봉사를 교직수업으로 개설하게 되었다. 그리고 교원양성단계에서 현장체험 기회를 확대하고, 교사의 사회적 책임을 강조하기 위해 봉사 형태의 현장교육이 도입되었다. 교육봉사에 투입된 예비교사를 지도하면서 그들도 마찬가지로 비슷한 어려움을 경험하고 있다는 것을 알게 되었다. 그래서 연구진이 공부한 것과 경험한 것을 토대로 교육봉사자의 요구에 맞춰 이 책의 내용을 구성하게 되었다. 저자들의 관심과 전문 영역에 따라 1, 2, 3, 8, 9장은 고홍월이, 4, 6, 10, 11장은 김은하가, 5, 7, 12, 13장은 두경희가 집필하였다. 향후 이 책의 미흡한 점들이 발견된다면 모두 저자들에게 책임이 있음을 미리 알려 드린다.

이 책은 크게 3부로 구성되었다. 1부는 1, 2장으로 교육봉사에 대한 전반적인 소개, 교육봉사에 임하는 태도와 윤리적 지침 등을 소개하였다. 2부는 교육봉사의 진행과정을 개관하는 내용으로 구성되었다. 3~6장까지는 사전준비단계, 시작단계, 진행단계, 종결단계로 교육봉사의 과정을 상세하게 소개하였고, 7장은 교육봉사를 진행하는 과정에서 대학생들이 호소했던 다양한 어려움과 예상하지 못한 부분에 대한 안내를 구체적으로 제시하였다. 3부는 구체적인 지도영역으로 구성되었다. 각 장별로, 8장은 가장 많이 경험하는 학업지도 부분이고, 9장은 진로지도, 10장은 대인관계 지도, 11장은 생활지도, 12장은 인터넷 사용 지도, 13장은 문화활동 지도에 대해 다루었다. 교육봉사활동을 하기 전에 교육봉사의 의미에 대해 이해하고 필요한 자세를 점검할 필요가 있다. 또한 사전에 교육봉사의 과정이 어떻게 이루어지는지를 알고 학생들과의 단계별 상호작용 특성을 이해하는 것이 중요하다. 구체적인 영역별 지도에서는 학생의 특성을 파악한 후 취약한 과목이나 영역을 평가하고 다양한 활동을 통해 지도하기를 바란다.

이 책이 단계별, 영역별로 교육봉사에서 다루게 될 내용을 제시하였지만 실제 학생지도에서는 명료하게 구분된다기보다는 한 개인에게 복합적으로 나타나는 경우가 많다. 사람을 변화시키는 일은 생각보다 멀고 어려운 과정이기 때문에 오히려 대학생들은 자신의 열정 때문에 더 좌절하는 경우가 있다. 그러므로 이 책을 활용하여 아동·청소년을 지도할 때 그들의 작은 변화에도 칭찬을 아끼지 않고, 또한 그러한 변화를 만들어 낸 자신에게도 칭찬을 아끼지 않아야 한다. 매우 어렵고 전문적인 일을 해냈다는 것에 대해 자부심을 갖기 바란다. 예비교사로서, 교육에 관심 많은 교육봉사자로서 도움의 손길이 필요한 아이들이 성장하는 모습을 볼 때 아마 가장 행복하고 보람을 느낄 것이라 생각한다.

이 책은 많은 사람의 도움과 노력의 결실이다. 우선 2006년부터 SAM 멘토링 프로그램의 운영위원장을 맡으신 김계현 교수님께 특별한 감사를 표한다. 필자의 지도교수로서 멘토링 업무를 포함하여 학문과 삶을 배우는 데 지대한 영향을 주셨다. 차기 위원장이신 김창대 교수님께서는 이 책을 기획하도록 좋은 기회를 주셨고, 연구진의 학문적 발전에 많은 가르침을 주셨다. 김창대 교수님께도 감사의 마음을 표한다. 그리고 멘토링 프로그램을 운영하면서 함께 일을 해 왔던 문수정, 최수미, 은혜경, 조아라, 윤숙경, 김영화 선생님께도 감사의 뜻을 표한다. 백지 상태에서 프로그램을 운영하기 위해 노력해 왔던 이 분들이 없었다면 이 책은 출간되기 어려웠을 것이다. 이 책의 완성 단계에서 귀중한 자문을 주신 황매향 교수님, 조애리 선생님, 김수임 선생님, 김나영 학생, 고정아 학생에게 감사의 말씀을 드린다. 또한 교육봉사에 참여했던 많은 대학생에게도 감사의 뜻을 전한다. 마지막으로 연구진에게 격려와 지지를 주신 학지사 김진환 사장님께도 지면을 빌려 감사의 말씀을 드린다. 또 다른 방식으로 학문 발전에 큰 기여를 하고 계신 점에 경의를 표한다.

2010년 8월
저자대표 고홍월

차 례

제1부 교육봉사란 무엇인가

교육봉사의 이해

13

교육봉사의 기본조건과 자세

23

제2부 교육봉사의 과정

교육봉사란 무엇인가

교육봉사란 무엇인가? 1부에서는 교육봉사에 대한 기본적인 이해를 돕기 위해 교육봉사의 개념과 교육적 의의를 제시하였고, 아울러 교육봉사의 유형에 대해서 알아볼 것이다. 또한 실제 현장에서 교육봉사를 실시할 때의 태도와 활동윤리에 대해 살펴볼 것이다.

제1장
교육봉사의 이해

방과 후 아이들이 집으로 돌아가고 난 후 조용한 학교의 한 학급에서는 아이들의 목소리가 들린다. 교실 안을 들여다보니 학생 몇 명이 모여 같이 영어 문장을 읽고 있다. 이 학생들을 가르치고 있는 사람은 대학생쯤으로 보이는 한 젊은 청년이다. 학생들의 표정을 보니, 수업보다는 좀 더 자유롭고 편안해 보인다. 가르치는 사람의 표정에서도 열의와 즐거움이 전해진다.

이 장면은 교육봉사의 한 장면이다. 학생들을 가르치는 대학생은 앞으로 교사가 되기를 희망하는 예비교사다. 예비교사들은 교육봉사라는 활동을 통해 학생들을 직접 접하고, 학생들과 이런저런 이야기를 나누고 가르친다. 교육봉사라고 하면 자발적으로 봉사활동을 하는 것으로 생각되지만 최근 들어 의무성을 띠는 교과과정들이 생기고 있다. 그리고 교사가 되고자 준비하는 대학생은 필수로 교육봉사를 수강해야 한다. 이 장에서는 교육봉사를 좀 더 이해하기 위해서 교육봉사의 의미, 교육봉사활동의 필요성, 교육봉사가 교원양성과정에서 지니는 의의 등에 대해 살펴볼 것이다.

최근 국가 법령으로 교직과정 이수기준을 강화하면서 교육대학과 사범대학에서 교육봉사를 교직수업으로 개설하게 되었다. 이제 국가 차원에서 교직과정 이수기준과 교원자격검정 기준을 강화하여 교원양성단계에서 교사의 질을 높이고자 노력하고 있다. 법령 개정에 대해 많은 측면에서 이해할 수 있지만 여기에서는 교사의 전문성과 사회적 책임의 중요성을 의미 있게 짚어 본다. 이는 국가 차원에서 전문성과 사회적 책임감을 갖춘 교사를 배출하고자 하는 노력이라고 볼 수 있다.

　　일반적으로 교원양성단계는 교육대학, 사범대학 및 교육대학원에서 교직과정을 이수하고, 실습의 형태로 현장을 경험하게 된다. 기존의 방식에서는 상당히 구조화된 방식과 내용으로 실습을 하였다면, 교육봉사는 정형화된 형식을 넘어서 봉사라는 새로운 형태의 현장실습과목이라고 할 수 있다. 즉, 교육봉사는 일종의 교육실습이지만 정형화된 형식의 실습이 아니라 보다 자율적이고 주도적인 형식의 실습으로 운영된다. 교육봉사활동은 봉사활동인 동시에 교육실습이라고 보는 것이 더 적절하다. 따라서 이 책에서 제시된 교육봉사는 일반적으로 대학생들이 하고 있는 다양한 봉사활동 중에서 교육과 관련된 부분을 포함하여, 특히 대학 교직과정 운영에서 요구하는 교육봉사이며, 이를 위주로 글을 전개할 것이다. 또한 이 책에서는 아동·청소년을 주 봉사대상으로 간주하고 내용을 제시한다.

1. 교육봉사의 개념적 이해

　　교육봉사에 대해 자세히 설명하기 전에 사회봉사나 멘토링, 공부방 봉사활동 등에 대해 언급할 필요가 있다. 대학생들이 사회봉사를 통해 아동·청소년에게 교육적 지원을 제공하거나, 멘토링이나 동아리 활동을 통해 봉사활동을 하는 경우가 많다. 앞에서 연상했던 장면도 멘토링이나 공부방 봉사활동과 크게 다르지 않다. 이 책에서 제시한 교육봉사는 활동 내용에서 다른 형태의 봉사와 상당히 유사하거나 중복된 부분이 많지만, 특히 강조할 부분은 예비교사 양성과정에서 요구하는 의무성, 전문성 그리고 책임감이라고 할 수 있다. 따라서 교육봉사라는 과목을 수강할 때 대학의 체계적인 관리를 받는다는 것이 자발적인 봉사활동과 다른 부분이다. 또한 일반적인 봉사보다는 교육 분야에 제한해야 한다는 특성이 있다.

교육봉사는 사회봉사의 구체적인 영역이자 하나의 새로운 형태다. 전통적인 사회봉사의 개념을 넘어서 봉사학습의 개념으로 이해할 수 있는데, 사회봉사 취지에 맞게 수행되는 교육적 활동으로 학습과 봉사의 의미를 동시에 담고 있다. 전통적인 자원봉사론이 봉사의 의미가 더 강했다면 봉사학습으로서의 교육봉사는 봉사와 학습의 의미가 똑같이 중요하다고 볼 수 있다. 봉사라는 활동에 학습의 효과가 포함되어 교육적 의의를 확인할 수 있다. 봉사학습이란 학생들이 지역사회의 요구에 부응하여, 학교 안과 학교 밖의 배움을 연계시키는 사회봉사 프로그램이나 교과목에 참여하여 학습과 사회봉사가 함께 일어날 수 있도록 진행하는 교육방법이다(서관석, 1998). 봉사를 통해 자신의 능력이나 지식을 나눠 주는 동시에 상대방으로부터 또는 현장으로부터 경험하는 것을 학습하게 된다는 의미다. 즉, 봉사를 통한 학습이 일어나는데, 이러한 과정에서의 학습은 교육적인 측면과 인간적인 성장이라는 측면에서 의미를 갖는다. 이런 의미에서 교육봉사활동을 교원양성의 중요한 과정으로 재개념화할 수 있다.

봉사학습의 개념에서 볼 수 있듯이 봉사는 일방적인 활동이라기보다 상호교류적인 관계로 이해할 수 있다. 즉, 교육봉사자와 봉사대상자는 서로 가르치면서 동시에 배운다는 것이다(Berry, 1988). 교육봉사자는 학생들에게 지식을 나누어 주면서 그들의 순수하고 열정적인 모습을 통해 삶에 대한 자세를 배운다. 또한 교육봉사가 학습적 효과를 지니는 것은 교육봉사활동을 통해 이론을 실천으로 옮기고, 성찰의 경험이 실행으로 이어지는 복합적 측면에서 학습이 이루어지기 때문이다. 교육봉사는 이러한 교육방법을 예비교사 교육에 도입한 것이며, 교육 분야에서 예비교사는 봉사를 통해 대학에서 배운 내용을 현장에 적용해 봄으로써 봉사대상자와 봉사기관과 상호작용을 하게 된다.

2. 교육봉사의 교육석 의의

교육봉사는 시대적 요구에 부응하여 현장 중심, 수요자 중심의 교육을 제공하는 교육의 형태다. 교육봉사는 교직이수과정의 일환으로 대학생인 봉사자와 청소년인 봉사대상자 간에 이루어지는 교육적 활동으로, 봉사의 의미뿐만 아니라 봉사자와 봉사대상자 모두에게 교육적 효과를 일으키는 활동이다. 교육봉사자에게는 다양한 현장에서의 실습기회가 되고, 실수요자인 봉사대상자에게는 필요한 교육 서비스를 무료로 제공받을 수 있는 기회가 된다. 봉사활동 참여자 외에도 참여기관 차원에서도 의의를 지니는데, 여기에서는 대학, 예비교사인 대학생, 봉사대상자 측면에서 교육봉사활동의 교육적 의의를 살펴본다.

1) 대학 측면에서의 의의

대학 측면에서 볼 때 교육봉사는 대학이 사회적 요구에 부응하는 교육을 한다는 데에서 의의를 찾을 수 있다. 과거와 달리 대학은 학문의 상아탑이 아닌 사회의 한 구성요소로서 필요한 인재를 양성하고 사회적 요구에 맞춰 대학의 책임과 봉사를 강조하고 있다. 이러한 시대적 요구에 맞춰 교육봉사는 현장 중심의 교육형태이자 예비교사의 사회적 책임감과 봉사의식을 함양시킬 수 있는 일석이조의 방식이라고 볼 수 있다. 대학 측면에서의 교육적 의의는 다음과 같이 두 가지로 나누어 볼 수 있다.

첫째, 대학에서는 현장 중심의 교육을 실행할 수 있는 기회를 마련하였다. 서두에서 언급한 것처럼 이 책에서 제시한 교육봉사는 대학 교직과정 운영에서 요구하는 교과형식이다. 대학은 학문을 추구하며 인재를 양성해 왔지만 현장능력이 부족한 인재를 양성한다는 지적을 피하기는 쉽지 않았다. 이러한 시대적 요구에 따라 교원양성단계에서의 교육봉사는 과거의 방식보다 한걸음 더 현장에 가까워진 것으로 볼 수 있다. 이런 의미에서 대학은 기존의 강의실 위주의 교육에서 보다 확산된 교육장면을 갖게 되어 현장 실무능력을 요구하는 사회에 부응할 수 있게 되었다.

둘째, 대학 구성원에게 사회적 책임감과 봉사정신을 가르칠 수 있는 기회가 생겼다. 현대사회는 대학에 사회적 책임을 요구하고, 대학 구성원에게 지성인으로서 사회적 책임을 다하기를 요구하고 있다. 기존의 대학 기능을 교육과 연구로만 봤다면, 최근에는 교육과 연구 기능의 결과를 사회에 환원하여 국가와 사회 발전에 보다 적극적으로 기여하기를 기대한다. 즉, 대학이 사회변화의 견인차 역할을 해 주어야 한다는 것이다. 이러한 사회적 요구에 발맞춰 대학은 교육봉사를 구성원들에게 사회적 책임과 봉사정신을 갖추도록 요구하고 가르치는 기회로 삼고 있다. 지성인 집단에 걸맞은 사회적 역할과 책임은 이 시대로부터 받는 새로운 요구다. 이런 의미에서 대학은 교육봉사를 통해 분야별 전문성, 인성적 자질, 사회적 책임감을 갖춘 교사를 양성하고자 한다.

2) 예비교사 측면에서의 의의

대학생 측면에서 교과목 형식으로 운영되는 교육봉사 과목의 교육적 의의는 두 가지로 해석해 볼 수 있다. 첫째, 현장체험을 통해 전문성을 향상시키는 의미를 지닌다. 예비교사 교육에서 교육봉사활동을 교과목 형태로 운영한다는 것은 기존의 참관교육실습이나 교육실습에서 간과된 부분을 보완하는 방식으로 구성되었다고 볼 수 있다. 참관교육실습이나 교육실습이 좀 더 학교교육체제에 맞추어졌다면 교육봉사는 학교교육체제뿐만 아니라 다양한 교육기관에서 체험교육을 한다. 또한 학교교육체제 안에서 교사나 학생과 직접적으로 상호작용을 할 수 있어서 교육현장의 모습을 생생하게 경험하여 보다 성숙한 교사로 성장하는 데 기여할 것이다.

둘째, 교육봉사는 교육자로서의 책임감과 인격적 소양을 갖출 수 있도록 요구하는 교육이다. 예비교사인 대학생은 미래의 교육자로서 사회에 대한 책임과 지도할 학생에 대한 책임의식을 갖추도록 요구받는다. 교사의 전문성과 인간적 자질에 대해 평가하도록 요구하는 시대에서 이러한 자질을 갖추는 것은 당연한 숙제가 되었다. 두 가지 자질을 모두 갖춘 교사로 성장하기 위해 교육봉사는 전인적(全人的) 교사를 양성하는 데 의의가 있다. 전인적 교사란 전문적 지식, 교사로서의 직업윤리, 사명감, 공동체 의식, 협동정신, 희생정신 등을 갖춘 완성된 교사를 뜻한다. 전인적 교사의 육성은 지식교육만으로는 달성하기 어렵고, 일상생활 속에서 체험과 실천을 중심으로 지속적으로 교육과 자기 성장을 추구할 때 이루어진다. 따라서 교육봉사활동은 다양한 사회적 요구에 맞춰 예비교사에게 사회적 책임과 인간적 자질을 갖출 수 있는 교육의 장을 제공하게 된다.

3) 봉사대상자 측면에서의 의의

교육봉사의 의의를 봉사대상자 측면에서 살펴보면 봉사대상자로서 교육서비스를 제공받는다는 것이다. 봉사대상자가 성인이든 아동·청소년이든 지속적인 교육 서비스를 받는 데 의의가 있다. 성인의 경우 평생교육 측면에서 무료로 양질의 교육을 받게 된다. 아동·청소년의 경우는 크게 두 가지 측면으로 나누어 볼 수 있는데, 하나는 현행교육에 대한 보완으로 학생들을 지

도할 수 있다는 것이다. 학교현장에서는 주로 집단적인 학업지도나 생활지
도가 이루어지는데, 교육봉사활동은 보다 다양한 형태로 운영할 수 있기 때
문에 교육현장의 격식화된 방식을 깰 수 있는 방식의 지도가 가능하다. 또한
소집단이나 개인에게 맞춤식 교육 서비스를 제공하는 것도 가능하게 된다.
다른 한편, 아동·청소년은 곧 경험하게 될 후기 청소년기의 발달단계에 대
해 간접적으로 학습하게 된다. 후기 청소년기에 있는 대학생이 아동·청소년
을 지도하면서 가까운 발달단계에 있는 초·중·고등학생과 서로 학습하는
기회를 갖게 된다. 청소년의 입장에서 대학생은 학교교사나 부모와 다른 발
달단계에 있고, 그들을 통해 멀지 않은 자신의 모습을 볼 수 있다. 청소년은
대학생의 긍정적인 모습을 모델링하거나, 대학생이 고민하는 것을 보면서
자신의 진로와 미래에 대해 구체적으로 생각하게 된다. 이러한 간접학습의
기회는 가정교육이나 학교교육과는 다른 새로운 학습이라 할 수 있다.

　이상 교육봉사의 의의를 종합해 보면 다음과 같이 요약해 볼 수 있다. 첫
째, 교육봉사활동을 통해 학생은 타인과 협력하고, 인간관계를 유지하는 경
험을 하며, 이를 통해 사회성을 증진할 수 있다. 교육봉사를 통해서 대학생
과 초·중·고등학생 모두 자신이 평소에 접하지 못한 다양한 영역과 계층
의 사람을 만나게 되고, 관련 기관의 실무자와 소통하면서 사회성을 기르게
된다. 둘째, 교직과목인 교육봉사를 통해 대학생들은 자신의 적성을 발견할
수 있는 기회를 갖고, 기존에 자신이 가진 기술을 더욱 개발하게 된다. 교육
봉사를 통해 직접 초·중·고등학생을 만나게 되면, 대학생들은 평소 생각
속에서만 존재하던 '교사가 된' 자신의 모습을 삶 속에서 경험할 수 있게 된
다. 이 과정에서 자신의 적성이 정말 '교사'에 적합한지, 교사의 업무는 자신
의 흥미와 맞는지, 예상하지 못한 어려움은 없는지 등을 경험할 수 있게 된
다. 이로써 교사로서의 사명감과 열의를 고취시키거나, 자신과 맞지 않는다
면 현장에 투입되기 전인 학생 시기에 진로를 변경하게 된다. 이는 대학생에

게도 미래의 진로를 적극적으로 경험해 본다는 면에서 유용하며, 사회적인 비용 측면에서도 바람직한 일이다. 셋째, 교육봉사에 참여하는 대학이나 지역사회의 교육기관이나 복지기관 차원에서도 사회적 자원을 통해 새로운 서비스를 제공하고, 적은 비용으로 성과를 낼 수 있는 의미 있는 활동이라고 할 수 있다.

3. 교육봉사의 유형

교육봉사는 다양한 형태로 진행할 수 있는데, 교육봉사의 형태는 대학에서 지향하는 목표와 방식이나 기관의 특성에 따라 결정될 것이다. 여기에서는 많은 대학과 다양한 기관 사이에서 구체적으로 합의한 내용을 파악할 수 없기 때문에 몇 가지 일반적인 형태에 대해 기술한다. 교육봉사의 유형을 봉사대상자나 기관 특성으로 구분하면 다음과 같이 세 가지로 나누어 볼 수 있다.

1) 아동 · 청소년 지도

아동 · 청소년에 대한 봉사에서 개별 또는 소집단 식의 학업지도 및 인성지도 등이 여기에 해당된다. 초 · 중 · 고등학교나 지역의 공부방, 아동센터 등 기관에서 봉사활동을 할 경우 학습지도에 도움이 필요한 학생에게 봉사를 할 가능성이 크다. 이런 경우 개별 또는 소집단 형식으로 학생들에게 학습지도와 인성지도 등을 제공하게 된다. 구체적인 방법과 진행방식은 기관과 참여자의 특성에 따라 융통성 있게 이루어져야 한다.

2) 성인교육

또 다른 봉사 형태는 아동·청소년이 아닌 성인이나 노인 집단을 대상으로 하는 경우다. 그 외에도 특수 집단인 장애인이나 다문화 배경을 가진 사람들에 대한 봉사 등이 있을 수 있다. 전반적으로 성인교육이라고 할 수 있으나 각 대상의 특성에 따라 지도하는 내용과 방식은 전혀 다를 수 있다. 예를 들어, 고령자를 대상으로 기초 영어교육이나 컴퓨터 교육 등을 실시할 수 있고, 다문화 배경을 가진 유학생이나 이주자에게 한국어교육을 실시하는 것도 여기에 해당한다.

3) 기관 및 행사 지원

또 다른 봉사 형태는 직접적으로 봉사대상자와 봉사활동을 하는 것 외에도 기관이나 행사를 지원하면서 간접적으로 수혜대상자에게 봉사를 제공하는 것이다. 예를 들어, 대학 견학이나, 박물관, 미술관 등 문화체험을 제공하는 기관에서 전시물 관련 자료를 수집하여 해설자료를 작성하거나 해설하는 활동이 여기에 해당된다. 이런 간접적인 방식의 봉사활동도 있을 수 있으나 가능하다면 앞에서 제시한 봉사활동과 균형을 맞추어 다양한 봉사체험을 할 것을 권장한다.

제2장
교육봉사의 기본조건과 자세

앞에서 본 바와 같이 예비교사에게 요구하는 교육봉사활동은 자발적인 봉사의 의미를 넘어서 의무성을 띠고 있는 봉사라고 할 수 있다. 또한 학점을 부여하는 수업형식으로 진행되기 때문에 책임감을 요구하는 활동이기도 하다. 따라서 교육봉사활동을 실시하기 전에 필요한 기본조건을 확인하고, 교육봉사자로서의 태도와 자세에 대해 생각해 볼 필요가 있다. 교육봉사를 잘 수행하기 위해서는 봉사활동에 대한 기본적인 이해가 필요하다. 왜냐하면 교육봉사활동은 많은 아동·청소년에게 직접 다가가 그들의 일상생활에 참여하므로 다른 봉사활동보다 더 많은 인간적인 접촉을 하게 되기 때문이다. 이 장에서는 효과적인 교육봉사를 실시하기 위해 갖춰야 할 기본조건, 교육봉사자의 태도와 자세, 윤리적 지침 등을 소개한다.

1. 교육봉사자의 기본조건

1) 아동 · 청소년 이해에 대한 전문 지식

교육봉사는 학생들에 대한 교육적 접근이기 때문에 교육 분야에서 다루는 전문 지식이 가장 기본적인 조건이라 할 수 있다. 학생지도에서의 전문 지식이란 교과내용에 대한 지식과 학생 개개인을 이해하고 지도하는 데 필요한 생활지도 전문 지식의 총합이다. 교과지도는 교육과정에 따라 학교에서 학습하게 되는 내용을 위주로 각 과목별로 지도하는 것이다. 교과지도에서는 대학생으로서 초 · 중 · 고등학생을 지도하는 데 큰 어려움이 없을 것이라 본다. 어려운 과목이 있을 경우 스스로 학습하여 정확하게 이해하고 가르쳐야 할 것이다. 생활지도는 학생들의 다양한 발달영역에 대해 지도하는 것이다. 이에 대해서는 학업, 진로, 대인관계 등 세부영역으로 나눌 수 있는데 각 영역별 지도에 대해서는 3부에서 구체적으로 다룰 것이다. 여기에서는 교과지도와 생활지도를 종합하여 아동 · 청소년을 이해하기 위한 전반적 지식을 간단하게 소개한다.

교육봉사의 대상이 아동 · 청소년이라는 가정하에 여기에서는 아동 · 청소년에 대한 전반적인 이해를 강조하고자 한다. 아동 · 청소년은 신체적, 인지적, 정서적으로 성인과는 다른 발달단계에 있어 발달과 관련된 여러 측면에 대한 이해가 필요하다. 일반적으로 교육이란 한 사람을 인지적으로 성숙시키고, 자신과 타인에 대한 정서적인 이해를 바탕으로 바람직한 사회인으로 성장하도록 지도하는 과정이라고 볼 수 있다. 따라서 아동 · 청소년에 대한 이해는 다양한 측면에서 접근할 수 있지만 여기에서는 인지적 · 심리적 특성을 위주로 소개한다. 그중에서도 교직을 준비하는 대학생이라면 당연히 피아제(J. Piaget), 에릭슨(E. H. Erikson)과 같은 학자의 이론에 익숙해 있을 것이라 생각한다.

　피아제의 이론에 따르면 일반적으로 초등학생의 경우 인지적으로 구체적 조작기에 머물러 있고, 구체적인 대상에 대해 논리적으로 사고하는 능력이 형성되었다고 본다. 하지만 초등학교 저학년과 고학년 간에는 그 능력의 차이가 상당히 현저하다. 초등학교 고학년 학생의 경우는 형식적 조작기의 특성도 보여 저학년 학생과는 분명한 수준 차이가 있다. 피아제는 12세 이후부터를 형식적 조작기에 속한다고 보고, 형식적 조작기는 추상적인 대상에 대해서도 추론이 가능하며, 추상적·체계적 가설에 근거하여 사고할 수 있다고 하였다. 따라서 학생의 인지발달 수준에 맞게 학습내용을 구성하고, 설명하거나 이해시키는 수준이 해당 연령에 맞게 설계되어야 한다. 특히 학생을 지도할 때 근접발달영역[1]에 대한 개념으로 부족하지도 넘치지도 않게 지도하는 것이 가장 효과적이라고 본다.

　또한 정서적 발달영역을 보면, 에릭슨은 심리사회성 발달단계에서 아동·청소년기의 주요 과업으로 근면성과 정체감을 제시하였다. 초등학교 시기의 학생들은 자신의 능력에 대한 믿음을 형성하고자 노력한다. 따라서 학업 및 생활 전반에서 적절한 수준의 과제를 제시해 주고, 성공 경험을 누적시켜 자신감을 갖도록 지도하는 것이 중요하다. 적절한 수준의 과제란 지나치게 어렵거나 지나치게 쉬운 과제가 아니라 학생의 노력이 필요하고 노력으로 해결할 수 있는 과제라 할 수 있다. 지나치게 어려운 과제는 실패 경험으로 이어지고, 누적된 실패 경험은 학생에게 열등감을 초래하며, 이로써 학생은 자신감이 결핍되어 부정적인 자아개념을 갖게 된다. 지나치게 쉬운 과제는 노력을 하지 않아도 되고 부적절한 자신감을 형성시키며 근면성을 형성하는 데 역효과를 낼 수 있다.

　중·고등학교 시기의 청소년은 신체적 변화가 매우 급격하지만 정신적 측

---

1) 혼자서는 할 수 없지만 자신보다 유능한 타인의 도움으로 할 수 있는 과제의 범위를 말한다.

면은 신체적 발달을 따라가지 못하는 경우가 많다. 이들은 직전의 발단단계보다는 더 복잡한 인지체계를 갖게 되었지만 상당히 많은 면에서 성숙해 가는 과정에 있다고 볼 수 있다. 완성된 것이 아니라 완성해 나가는 과정에 있다고 보는 것이 더 적절하다. 따라서 이들은 자신과 주변 사람이나 사회 전반에 대한 혼란 속에서 정체감을 형성해 나간다. 사소한 의사결정에서도 어려움을 느끼고 의사결정을 할 준비조차 되어 있지 않거나 문제해결 능력이 부족한 경우, 이들은 부모나 타인의 가치를 받아들여 자신의 확고한 기준보다 외부의 기준과 가치로 의사결정을 내리기 쉽다. 청소년에 대한 지도에서는 자신에 대한 정확한 이해와 타인이 보는 자신의 모습을 통합하여 완전한 자아개념을 형성하고, 자신이 어떤 사람이며 어떤 존재 의미를 지니는지, 어떤 인생 목표를 가질 것인지 등에 관한 정체감을 형성하는 데 적극적인 지도가 필요하다.

2) 개인적 자질

교육봉사자는 초 · 중 · 고등학생을 대상으로 가르침과 봉사를 제공하게 된다. 즉, 아직 미성년자인 아동 · 청소년을 가르치고 다루는 활동을 하게 될 것이다. '인간'을 다루는 일에는 기술이나 능력에 앞서 '마음'을 가지는 것이 선행되어야 한다. 인간을 다루는 가장 대표적인 직업 중 하나가 교사다.

교육봉사자는 예비교사로서 어린 학생을 대하기 때문에 특히 개인적 자질이 더욱 강조된다. 교육봉사자가 갖추어야 할 개인적 자질로는 건전한 인성과 인품, 정서적 안정감, 가르치는 열정과 인내심 등이 있다. 건전한 인성과 인품으로는 원만한 인격 형성, 올바른 언행과 예절, 건전한 자아개념과 인생관을 갖추어야 하며, 정서적 안정감으로는 심리적인 안정감, 자신과 타인에 대한 긍정적인 태도가 중요하다. 가르치는 열정과 인내심은 학생들에게 필요한 지식과 지도에 대해 적극적으로 탐구하고, 학생의 수준과 학습 준비도에 맞게 인내심으로 가르쳐야 함을 의미한다.

3) 봉사기관 및 봉사대상자에 대한 이해

　교육봉사자가 교육봉사를 순조롭게 수행하기 위해서는 실습기관이나 봉사대상자에 대한 기본적인 이해가 필요하다. 대부분의 경우 실습기관에 가서 담당자나 봉사대상자를 만나서 활동한다. 대학생으로서 낯선 기관에 가서 새로운 활동을 시작하는 것은 쉽지 않을 것이다. 그렇기 때문에 더욱 봉사기관과 봉사대상자에 대한 이해가 중요하다. 기관의 경우 학교, 복지시설, 활동시설, 단체 등 다양한 형태의 기관이 있는데, 이러한 기관의 성격과 주요 업무를 사전에 확인하고, 대학에서 요구하는 봉사와 기관에서 요구하는 봉사가 일치하는지, 절충점은 어디에 있는지 등을 확인할 필요가 있다. 특히 봉사기관 담당자의 협조와 참여 정도에 따라 수월성이 다를 것이며, 기관의 문화나 담당자의 개인적 성향에 따라 참여도가 다르게 나타날 것이다. 하지만 자주 연락을 해서 보고를 하거나 세부적인 내용을 상의하면서 지속적으로 관심을 갖게 할 필요가 있다.

　봉사대상자에 대한 기본적인 이해는 어떤 학생을 만나게 될지에 대한 기본 정보를 갖는 것이다. 어떤 학생을 만나는지, 몇 명의 학생을 만나는지부터 시작해서 학생 개인의 인적사항과 주변 환경 등에 대한 기본 정보를 파악한다. 개인의 인적사항으로는 이름, 성별, 나이와 학년, 학업성적, 장점, 성격 특성, 취미 등을 포함할 수 있다. 주변 환경으로는 가족관계, 친구관계, 교사와의 관계, 거주 환경, 학교와 반의 분위기 등이 있을 것이다. 학생 개인과 주변 환경을 파악하면 점차 학생을 이해하고 어떤 지도를 할지에 대한 전반적인 방향을 설정하는 데 유익할 것이다. 그 외에도 같은 학생을 여러 번 만나서 지도하는 것보다 다수의 학생을 일회적으로 만날 수도 있는데, 이런 경우 학생들의 개인 특성보다 집단 특성을 파악하는 것이 더 중요할 수 있다.

2. 교육봉사에 임하는 태도

교육봉사활동에 임할 때 교육봉사자의 태도와 자세가 중요한데, 봉사활동을 할 때 봉사대상자를 바로 만나기도 하지만 봉사기관의 담당자를 먼저 만나게 된다. 즉, 봉사활동을 수행하는 과정에서 봉사기관(담당자)이나 봉사대상자와 다양한 형태로 상호 교류하게 된다. 이런 과정에서 교육봉사에 필요한 태도와 자세는 두 가지로 구분할 수 있는데, 봉사대상자와 봉사기관(담당자)을 대할 때 다소 다른 태도와 자세를 요구하게 된다.

1) 봉사대상자에 대한 태도와 자세

앞에서 제시한 바와 같이 '인간'을 다루는 일에는 마음이 중요하다. 교육봉사자는 초 · 중 · 고등학생을 대상으로 학업 및 다양한 생활지도를 하게 되는데 학생에 대한 기본적인 관심이 없다면 교육적인 효과가 나타나지 않을 것이며, 봉사활동 자체도 매우 어려운 일이 될 가능성이 크다. 학생과 신뢰관계가 형성되었을 때 비로소 가르침을 받아들일 준비가 생겼다고 본다. 흔히 교사변인의 중요성을 강조하는 것도 이러한 이유 때문이다.

우선, 교육대상자는 봉사대상자에 대해서 기본적인 관심과 이해가 있어야 하며, 이는 교직의 중요한 기본조건이다. 학생 개개인에 대해 이해하고, 학생의 개인적 특성과 주변 환경을 파악하며, 그러한 요인이 학생의 성장에 어떤 영향을 미치는지, 학생의 건전한 성장을 위해 무엇을 제공할 것인지에 대한 체계적인 이해와 접근이 필요하다. 학생에 대한 관심과 사랑이 있어야 전문 지식이나 기술이 더 효과적으로 그 진가를 발휘하게 되는 것이다.

둘째, 교육봉사에서 학생과의 관계에는 기본적인 존중과 수용이 있어야 한다.. 이는 대인관계의 핵심 요소라고 할 수 있다. 자신과 타인에 대한 존중은 모든 사람에게 필요한 태도이고, 대인관계 성립의 기본조건이다. 학생들은 어리고 미숙하지만 인간으로서 존중받는 것은 누구에게나 동등하기 때문에 교육봉사를 할 때 상호 간의 기본적인 존중을 형성해야 한다. 또한 존중뿐만 아니라 학생을 수용할 수 있는 마음과 자세도 필요하다. 즉, 학생이 표면적으로 어떤 문제행동을 보이든 이면에 있는 긍정적인 부분을 찾아서 인정하고 수용하는 태도가 필요하다. 긍정적인 부분에 대해 긍정해 주고 인정해 주면 학생들은 점차 자신을 긍정적으로 변화시키거나 긍정적인 행동을 많이하게 된다. 이러한 존중과 수용적인 태도로 대한다면 학생들은 쉽게 마음을 열고 긍정적인 변화를 보일 것이다.

셋째, 교육봉사에서는 적극성, 겸손함, 근면성실에 대해 강조한다. 학교교육에서는 학생에게 적극적인 생활태도, 바람직한 가치관, 겸손함, 근면성 등을 요구하는데, 예비교사로서 학생을 지도할 때도 이러한 기본적인 생활태도를 갖춰야 한다. 일반적으로 학생들은 모델링을 통해 많이 배우고 느끼기 때문에 실천하지 않는 교육은 그 의미가 퇴색할 수밖에 없다. 따라서 예비교사들이 교육봉사에 임할 때 이러한 기본적인 생활태도를 갖추어야 한다.

2) 봉사기관에 대한 태도와 자세

교육봉사활동을 시작할 때는 봉사기관을 방문하고 담당자와 접촉을 하게된다. 일반적으로 사전에 봉사기관에 대한 기본적인 정보를 확인하고 담당자를 만날 것을 권유한다. 봉사기관에 대한 전반적인 이해를 바탕으로 구체적인 봉사활동의 내용을 전달받는 것이 더 효과적일 것이다. 담당자와 접촉할 때는 담당자나 기관에 대한 기본적인 태도와 자세를 갖추어야 하는데, 여기에서는 크게 두 가지를 강조한다. 첫 번째는 책임감이다. 교육봉사에서 대학생에게 요구하는 책임감은 봉사대상자의 학업성적이나 생활 전반에 대해 책임을 강요하는 것이 아니라, 봉사활동을 하는 과정에서 대학생 수준에서 수행할 수 있는 활동, 봉사대상자나 기관 담당자와 약속한 부분에 대한 책임을 의미한다. 이러한 부분을 강조하는 이유는 교육봉사는 봉사자의 일방적인 활동이나 학습이 아니라 봉사대상자, 기관 담당자 등과 유기적으로 연계되어 있기 때문이다.

두 번째로는 협동성이다. 앞에서 설명한 바와 같이 교육봉사는 혼자서 하는 활동이나 학습이 아니라 함께하는 활동이자 학습이다. 그렇기 때문에 교육봉사활동 과정에서 타인과의 협동성을 강조하게 되는데, 협동성은 다양한 장면에서 요구된다. 예를 들어, 봉사대상자에 대해 이해하기 위해 학생의 기본 정보나 최근 생활을 알아보는 경우 기관 담당자나 학부모와의 협력이 필요할 것이고, 기관이나 대학에서 요구하는 자료나 행정절차에 따라 상호 간에 협력을 요청할 수도 있다. 따라서 교육봉사활동을 하는 과정에서 사소한 내용이지만 없어서는 안 되는 부분이 기관 간, 실무자 간의 협력관계라고 할 수 있다. 그 외에도 봉사자가 상황에 따라 기관에 협조를 요청하거나 건의 사항을 제안할 경우가 있는데, 위축되지 않으면서도 관계를 상하지 않게 자신의 의견을 전달할 필요가 있다.

3. 교육봉사의 윤리적 지침

교육봉사를 진행하는 과정에서 교육봉사자는 본의 아니게 여러 가지 위험하거나 비교육적인 행동을 하게 된다. 교육봉사자는 의도하지 않았음에도 학생들이 영향을 받을 수 있기 때문에, 이에 대해 사전에 숙지하고 주의할 필요가 있다. 교육봉사자는 다음과 같은 몇 가지 사항에 대해 유의하도록 한다.

• 안전문제: 안전문제는 어떤 상황이든 누구에게나 중요한 문제다. 교육봉
  사활동을 하는 과정에서 봉사대상자와 교육봉사자의 안전을 최우선으

로 고려해야 한다. 위험한 장소나 늦은 시간은 가능한 한 피하거나 안전조치를 마련해야 한다. 특히 남학생의 경우 활동성이 높아서 사소한 사고가 발생하기 쉬운데, 문제가 발생할 경우 바로 보호자와 담당자에게 연락해서 협력하여 사태를 처리할 수 있게 빠른 조치를 취해야 한다. 여학생이나 어린 학생의 경우는 가능한 한 늦은 시간에 이동하지 않는 것이 안전하다.

• 이성관계: 아동·청소년을 지도하는 교육봉사에서는 이성관계 문제를 쉽게 간과할 수 있다. 흔히 '어린 학생을 지도하는 데 무슨 이성관계 문제가 생기겠어.'라는 생각을 할 수 있다. 하지만 봉사활동도 하나의 인간관계이므로 상대에 대해 호감을 느끼고 호감이 이성관계로 발전할 가능성이 있다. 특히 사춘기 학생들의 경우 일반적인 인간관계의 호감과 이성관계를 혼돈할 수 있기 때문에 이성관계로 인식하거나 발전시키지 않도록 해야 한다. 이성관계를 느끼는 학생에 대해서는 수치심을 느끼거나 상처받지 않도록 인간관계와 이성관계에 대해 바르게 지도해야 한다. 이성관계 문제로 활동에 영향을 미치게 된다면 담당자에게 봉사대상자 교체를 요청해야 한다.

• 이중관계: 교육봉사활동에서의 이중관계란 교육봉사자와 봉사대상자 관계 외에 다른 관계가 형성된 것을 의미한다. 예를 들어, 봉사대상자가 친척 동생인 경우 친척관계 그리고 봉사자와 봉사대상자 관계가 동시에 성립된다. 이럴 경우 교육봉사활동을 하는 데 관계의 불편함을 느끼거나 활동에 영향을 미칠 수 있다. 이는 어떤 형태의 관계이든 당사자들이 그 관계 속에서 담당하는 역할이 있고, 두 가지 역할로 인해 주요 활동에 역할 혼돈을 줄 수 있기 때문이다. 따라서 봉사대상자와 이중관계를 맺고 있지 않는지에 대해 점검하고 각자의 역할에 대해 분명히 해야 한다.

• 금연·금주: 술과 담배는 아동·청소년에게는 금기사항이고, 미성년자에게는 비행행동으로 구분된다. 대학생인 교육봉사자는 개인 의지에 따라

음주와 흡연이 가능하지만 청소년에게는 해서는 안 되는 행동이다. 교육봉사자가 술을 마시거나 담배를 피우고 나서 봉사대상자를 만날 때 청소년은 대학생이 할 수 있는 것은 자신도 할 수 있다고 합리화시킬 수 있다. 또한 흡연과 음주 행동에 대한 협조 요청을 할 수 있기 때문에 학생들 앞에서는 절대 주의해야 한다.

- 복장 등 인상착의: 교육봉사에 임할 때 복장이나 장신구에 대해 점검할 필요가 있다. 지나치게 화려하거나 눈에 띄는 것은 적절하지 않으며, 염색 머리, 노출이 심한 복장, 특이한 장신구 등은 피하는 것이 좋다.

- 바른 언어습관: 일상생활에서 쉽게 습관화된 언어를 사용하게 되는데, 비속어, 은어, 인터넷 용어 등을 자주 사용하는 경우 교육봉사 상황에서도 자연스럽게 노출될 수 있다. 자신의 언어 사용에 대해 점검해 보고 학생과 교류할 때 바른 언어를 사용하도록 노력해야 한다.

- 금전적(물질적) 거래 금지: 교육봉사를 하는 과정에서 학생들이 바람직하지 못한 제안을 하는 경우가 있다. 예를 들어, 학생들은 쉽게 "선생님, 저 문제집을 다 풀면 영화 보여 주세요(PC방 갈 돈 주세요.)."라고 말하는데, 그 당시의 활동을 진행하기 위해 무심코 "그래, 알았어."라고 했던 말이 씨가 되어 금전적(물질적) 강화가 없을 경우 활동을 진행하기 어려워질 수 있다. 활동이나 학습의 대가로 학생들이 다양한 요구를 하게 된다면 이러한 봉사활동은 없는 편이 더 교육적이라고 할 수 있다. 그 외에도 돈을 빌려 달라고 하는 경우가 있는데 이 부분에 대해서는 7장에서 그 방법을 확인할 수 있다.

- 약속을 철저히 지키기: 교육봉사를 하면서 봉사대상자와 이런저런 작은 약속을 하게 된다. 봉사대상자는 다양한 기대와 희망사항으로 약속을 하게 되는데, 무심코 응할 경우 지키기가 쉽지 않아 약속을 쉽게 저버릴 수 있다. 그럴 경우 봉사대상자는 크게 실망감을 느끼고 신뢰감을 형성하기 어려워지거나 신뢰감에 손상을 입게 된다. 약속을 쉽게 하고 쉽게 어

겨 버리면 서로에 대한 신뢰감을 잃기도 하지만 학생들은 무책임한 모습을 보고 배울 수 있기 때문에 인성발달에 좋지 않은 영향을 미치게 된다. 따라서 꼭 필요한 약속인지, 서로 지킬 가능성이 있는지 등을 분명히 하고 약속을 할 필요가 있다.

제 2 부
교육봉사의 과정

교육봉사활동은 실제로 어떻게 진행되는가? 2부에서는 실제로 교육봉사를 진행할 때, 사전에 어떤 것을 준비해야 하는지, 활동을 시작하면 어떤 것을 고려해야 하는지에 대해 다룰 것이다. 여기서는 봉사기관을 결정하는 것에서부터, 봉사대상자를 만나서 어떻게 활동을 시작하고 평가하며 매듭을 지을 것인지에 대한 교육봉사활동의 전체 진행과정을 안내하고자 한다.

제3장
사전준비단계

이 장부터는 교육봉사활동의 전체 과정에 대해 안내하고 있다. 교육봉사활동을 효율적으로 진행하기 위해서는 사전준비가 상당히 중요하다. 교육봉사활동은 일방적인 활동이 아니라 쌍방적인 활동이라고 하였는데, 교육봉사자와 봉사대상자 외에도 관련된 기관과 대학이 있기 때문에 보다 체계적이고 책임감 있는 활동을 요구하게 된다. 대학생은 이러한 기관 간, 개인 간, 개인과 기관 간의 관계 속에 처해 있기 때문에 사전준비단계에서 행정적인 내용에 대해 파악하고 어떤 맥락에서 활동하게 되는지를 숙지할 필요가 있다. 전반적으로 이 부분은 대학생뿐만 아니라 행정업무 담당자에게도 유용한 정보라고 할 수 있다. 이 장에서는 사전준비단계에 필요한 준비사항에 대해 알아보고, 교육봉사활동을 잘 운영하기 위한 기관의 준비와 교육봉사자의 준비사항을 확인하여 봉사대상자를 맞이할 준비를 하도록 안내한다. 마지막에는 교육봉사자와 봉사대상자를 연계할 때 주의할 사항을 제시하였다.

1. 봉사기관 확정

봉사기관 및 봉사대상자 배정은 대학이나 기관에서 기관 간 협약을 통해 학생을 배정하는 경우와 학생들이 스스로 봉사활동을 할 기관을 찾는 경우가 있다. 두 가지 경우 모두 교육봉사에 적합한 기관을 선정해야 하는데, 이러한 기관은 기본적으로 해당 법령에 규정한 교육기관이어야 한나. 교육봉사활동은 기본적으로 순수 봉사시간만 한 학기에 30시간을 요구하는데, 대학마다 세부적인 운영방식은 다를 수 있지만 기본적으로 한 학기에 30시간의 봉사를 수행해야 하고, 그 외에도 오리엔테이션과 교육 및 평가 시간 등이 추가된다. 종합적으로 봤을 때 한 학기에 30시간 이상을 교외에서 활동한다는 것은 쉽지 않을 것이다. 그렇기 때문에 학기 시작 전에 보다 철저하게 준비하고 진행할 필요가 있다.

우선, 대학에서 기관과 협약을 맺고 학생을 배정하는 경우가 대부분인데, 이런 경우는 대학에서 교육봉사의 취지와 법적 근거에 맞는 교육기관을 선정하고, 해당 기관의 요구를 파악하여 대학과 기관의 요구가 어느 정도 부합하다면 협약을 체결할 것이다. 협약이 체결되었다면 학기별로 기관의 요구에 맞춰 학생을 배정할 것이고, 배정된 학생은 해당 기관에서 봉사활동을 실시하면 된다. 구체적으로 어떤 학생을 지도할지에 대해서는 대학이나 기관 담당자가 대학생과 청소년을 연계시켜 주는 것이 일반적이다. 이 부분은 다음 절에서 자세히 다룰 것이다.

다른 한편, 대학에서 지정해 준 기관 외에 교육봉사자가 허용 범위 내에서 스스로 기관을 찾을 수 있다. 이런 경우 자신이 원하는 기관을 찾기 위해서는 어떤 봉사활동을 할 것인지, 어떤 성격의 기관을 원하는지, 지리적 위치는 어디에 있는지, 기관에서 교육봉사자를 원하는지, 어떤 봉사활동을 요구하는지, 봉사대상자는 어떤 사람인지, 봉사시간은 어느 정도를 요구하는지 등을 구체적으로 확인해야 한다. 이러한 내용이 확인된 후 가능하다면 소속대학에 기관에 관한 정보를 제시한 후 승낙을 받아 활동을 시작한다. 이때는 봉사기관을 배정받는 경우와 달리 사전준비 업무를 거의 개인적으로 하게 된다. 기회가 닿아서 개인적으로 기관을 연계하는 경우는 크게 어렵지 않지만 개별적으로 기관을 찾고 활동하는 것은 쉽지 않을 수 있다. 따라서 개인적으로 꼭 활동하고 싶은 기관이나 특정 봉사활동이 있다면 미리 준비하고 학기가 시작하면 바로 활동을 할 수 있게 사전준비를 철저히 해야 한다. 그렇지 않을 경우는 학교나 기관에서 일괄적으로 배정하는 기관에서 활동하는 것이 좋다.

　결국 어떤 경로로 봉사기관을 찾든 교육봉사활동을 시작하기 전에는 다음과 같은 세부적인 내용을 확인해야 한다. 어떤 기관에서 활동하게 되는지, 어떤 봉사대상자를 만나게 되는지, 활동시간은 어떻게 정할지 등을 확인할 필요가 있다. 아무리 열심히 하려는 마음의 준비가 되었다 하더라도 봉사기관이나 봉사대상자와 연계가 되지 않았다면 봉사관계는 성립하기 어렵다. 가능한 한 학기 시작 전이나 학기 시작과 동시에 기관을 확정하고 대상자와 빨리 연계시키는 것이 효율적이다.

　봉사기관 선정 시에는 교육봉사를 실시하는 법적 근거에 해당하는 교육기관인지를 확인해야 한다. 구체적인 근거는 「교원자격검정령」에서 확인할 수 있는데, 여기에서는 "교육봉사 대상자는 재학기간에 2학점을 이수하되, 「유아교육법」「초중등교육법」「고등교육법」「평생교육법」등에 의하여 설립된 학교 또는 학력인정시설이나, 전공 분야와 관련된 사회교육기관(시설)에서 교육봉사활동을 할 수 있다."[1]라고 언급하고 있다. 그 외에도 각 대학에서 다양한 현장의 요구를 반영하여 인정 절차를 거쳐 승인한 기관에서 봉사활동을 진행하게 된다.

---

1) 「교원자격검정령」(대통령령 제20740호)

2. 교육봉사자와 봉사대상자의 연계

봉사기관과 봉사대상자가 확정되었다면 기관의 성격이나 요구사항에 맞춰서 개인별 또는 집단별로 연계를 하게 된다. 이 부분은 개인적으로 봉사기관을 선택한 경우 외에는 대학이나 봉사기관에서 개인별 또는 집단별로 배정해 주는 경우가 많다. 대학 및 기관 측면에서는 기관 간의 협약이 체결되면 대학생과 청소년 간의 연계를 하게 된다. 대학에서 하는 경우도 있지만 봉사대상자가 소속된 기관에서 주도할 수도 있다. 때로 교육봉사자가 스스로 이런 부분을 고려하여 지도할 학생과 연계하기도 한다. 교육봉사자와 봉사대상자를 연계할 때는 다음과 같은 몇 가지 사항을 염두에 두어야 한다.

첫째, 교육봉사자와 봉사대상자를 어떤 형태로 연계할지를 고민해야 한다. 개인별로 한 명의 대학생과 한 명의 청소년으로 할 것인지, 한 명의 대학생이 여러 명의 청소년을 지도할 것인지, 여러 명의 대학생과 여러 명의 청소년을 연계할 것인지를 결정해야 한다. 한 명이 여러 명을 지도하거나 여러 명이 여러 명을 지도할 경우 너무 많지 않게 연계할 것을 권장한다. 봉사기관의 성격과 봉사대상자의 특성에 따라 연계형태가 다를 수 있고, 지도하는 학생수도 다를 것이다. 가장 효과적으로 지도할 수 있는 방법이 어떤 것인지를 고려하여 연계형태와 지도할 학생의 수를 결정하는 것이 바람직하다.

둘째, 가능한 한 같은 성별의 교육봉사자와 봉사대상자를 연계한다. 이는 청소년기 학생은 동성의 대학생에게 더 편안함을 느끼고, 특히 사춘기의 청소년은 이성인 어른과 함께 여러 가지 활동을 할 때 불편을 느끼는 경우가 있기 때문이다. 또한 대학생도 어린 학생에 대한 이해가 아직 부족할 뿐더러 자신이 직접 경험하지 못한 이성의 청소년기를 이해하기 어려울 수 있다. 따라서 교육봉사자와 봉사대상자를 연계할 때 성별에 대해 중요하게 고려해야 한다. 하지만 여러 명을 지도할 때 성별뿐만 아니라 다른 특성도 고려해야 하기 때문에 모든 조건을 다 충족하기 어려울 때 이성인 학생을 지도할 수도 있다.

셋째, 같은 학년이나 비슷한 학습 수준의 봉사대상자와 연계한다. 봉사대상자가 여러 명일 때 학생들이 다양한 학년에 분포해 있을 가능성이 크다. 실제 학년이 다른 여러 학생을 같이 지도하기는 상당히 어렵다. 학년이 다르면 우선 학습내용이 다를 것이고, 발달 특성에서도 차이가 있을 것이다. 특히 고학년과 저학년은 학습내용, 인지, 정서 등 많은 발달영역에서 단계가 다르기 때문에 가능하다면 수준을 비슷하게 맞추는 것이 적절하다. 하지만 같은 학년인 경우도 학습수준에서 큰 차이가 있을 수 있기 때문에 학업지도를 할 때 어떤 수준에 맞춰서 지도할지는 여전히 중요한 과제라고 할 수 있다. 때로 지도할 학생들의 학년이 섞일 수도 있는데, 이럴 때 하나의 기준으로 봉사대상자를 지도하기보다 각 연령의 학생 특성을 이해하고, 봉사대상자 간의 상호작용을 이해하며, 상호관계 속에서 서로를 이해하고 합의할 수 있는 다양한 기준을 마련해야 한다.

이상 교육봉사자와 봉사대상자를 연계할 때 유념해야 할 사항을 몇 가지 제시하였는데, 중요한 참고사항이지만 사실상 모두 충족시키기 어려울 수 있다. 기관의 상황, 봉사대상자의 특성, 시기적 문제 등에 따라 어떤 조건은 꼭 충족시켜야 하고, 어떤 조건은 상대적으로 덜 중요하게 여겨도 될 것이다. 어떤 기준을 적용할 것인지는 융통성 있게 선택하여야 한다.

3. 사전교육 및 오리엔테이션

교육봉사활동을 시작하기 전에 교육봉사자는 대학이나 봉사기관에서 요구하는 오리엔테이션이나 사전교육에 참여하게 된다. 대학에 따라 오리엔테이션 외에 다양한 교육이나 선수과목이 있을 수도 있다. 오리엔테이션은 대학과 봉사기관에서 각각 진행할 수도 있고, 한쪽 기관에서만 진행할 수도 있다. 대학 및 기관에서는 교육봉사활동의 전반적인 지침을 제공하고 교육봉사자에게 필요한 교육을 실시하게 된다. 세부적인 내용은 각 대학과 기관마다 다를 것이고, 오리엔테이션에서 구체적인 내용을 접할 수 있기 때문에 여기에서는 자세히 다루지 않을 것이다.

교육봉사자 입장에서는 오리엔테이션을 통해 교육봉사활동에서 숙지해야 할 내용을 정확하게 알고 활동을 시작해야 한다. 일반적으로 오리엔테이션에서는 교육봉사 교과목 수강과 관련된 행정절차와 활동내용, 활동과정 등에 대해 안내하고 교육을 실시할 것이다. 교육봉사가 교과목 형식으로 운영되기 때문에 교과로서의 체계와 절차가 있을 것이고, 수강생들은 그 절차에 따라 학점을 이수해야 한다. 이러한 안내는 대학과 기관에서 별개로 진행하는 경우가 있어 이럴 경우 중복되는 내용이 있을 수 있고, 서로 다른 부분을 더 강조할 수도 있으며, 때로는 일부 내용이 상충될 수도 있다. 어떤 기관에서 진행하든 오리엔테이션의 내용을 명확히 파악하고, 혼선이 빚어지지 않도록 사전에 알아두어야 할 것이다. 오리엔테이션과 교육을 통해 대학에서의 요구사항과 기관에서의 요구사항을 잘 확인하고, 상충되는 부분이 있을 경우 꼭 담당자에게 확인을 하여 합의점을 찾아야 한다. 전반적으로 학생 입장에서는 효율적인 봉사활동과 학점취득을 염두에 두고 오리엔테이션에 적극적으로 참여해야 한다.

사전교육에서는 교육봉사에 대한 전반적인 안내와 더불어 교육봉사활동에 필요한 교육을 실시하게 되는데, 관련 교육은 아동·청소년에 대한 기본이해, 아동·청소년의 다양한 문제에 대한 이론적 지식, 다양한 문제영역이나 지도가 필요한 부분에 대한 이해와 접근방법 등이 있을 것이다. 아동·청소년을 이해하기 위해 교육심리학이나 발달심리학의 기초적인 내용을 학습할 필요가 있다. 다양한 지도영역에 대해 세부적으로 이해하고 지도하기 위해서는 학업, 진로, 비행, 대인관계, 정신건강 등 세부영역에 대한 이론적 지식과 실제적 지도방법이 필요할 것이다. 그 외에도 특정 대상에 대한 이해나 특정 문제에 대한 이해 등 심화교육이 있을 수도 있다. 예를 들어, 특정 대상의 경우, 최근 다문화가정 학생에 대해 지원이 요구되면서 다문화가정 학생을 지도할 경우 이들의 특성과 겪고 있는 어려움을 이해해야 할 것이다. 특정 문제의 경우는, 예를 들어 주의집중 문제나 특정 과목의 지도방법 등의 내용이 있을 것이다. 이러한 지식은 다른 교직과목에서 접한 경우도 있을 것이며, 또한 이 책의 3부에서 몇몇 영역에 대해 구체적으로 다루고 있으니, 효율적인 교육봉사를 위해 아동·청소년을 이해하고 다양한 지도법을 터득하도록 한다. 더불어, 사전에 다른 교과를 적극적으로 활용하거나 추가로 교육을 받을 것을 추천한다. 예를 들어, 심리학개론, 교육심리학, 아동발달의 이해, 학교상담과 생활지도, 학습심리학, 청소년문화의 이해 등의 내용을 다루는 교과에서 매우 유용한 지식을 습득할 수 있다.

제4장
시작단계

교육봉사자와 봉사대상자가 결정되고 나면 이제 현장으로 나가 본격적으로 교육봉사활동을 시작해야 한다. 교육봉사활동의 시작은 어떻게 이루어져야 할까? 이 장에서는 교육봉사의 첫 단추를 잘 끼우기 위해 고려해야 할 내용으로 첫 만남과 관계형성, 그리고 목표설정에 대해 설명하고자 한다.

1. 첫 만남

1) 첫인상의 중요성

모든 만남에서 첫 만남은 특별한 의미를 갖는다. 처음 만났을 때 서로에게 호감을 가져야 이후의 만남에서 좋은 관계를 이어 갈 수 있기 때문이다. 심리학에서도 첫인상이 중요한 이유를 '초두(初頭)효과(primary effect)'로 설명하고 있다. 초두효과란 어떤 사람에 대해 상반되는 정보가 시간 간격을 두고 주어지면 앞의 정보가 뒤의 정보보다 인상 형성에 더 큰 영향을 미친다는 내용으로, 먼저 긍정적인 말을 들었는지 부정적인 말을 들었는지에 따라 그 사람에 대해 갖게 되는 인상이 크게 달라진다는 것이다(박지영, 2006). 즉, 처음 본 인상이나 처음 듣는 말에 강한 인상을 받게 되어 다음에 이어지는 또 다른 면의 인상이나 말은 처음보다 흐려져 수정이 잘 되지 않는다는 뜻이다. 이런 효과가 생기는 이유는 사람은 심리적으로 '일관성' 있게 지각하려는 경향 때문에 처음 받았던 이미지와 일치하지 않는 정보가 들어오면 일관성을 유지하기 위해 그 새로운 정보를 바꾸거나 제거하기 때문이다. 이렇게 첫인상에서 상대의 이미지가 어떤 식으로든 인식이 되면 계속해서 강력한 영향력을 행사하게 된다. 이후 관계형성이 어떻게 진행될 것인가 하는 것의 열쇠가 바로 첫인상이다. 그러므로 우리는 첫 만남에서 좋은 인상을 주도록 노력해야 한다.

2) 기관과의 만남

우선, 교육봉사자로서 처음 만나게 되는 사람들은 봉사대상자 이전에 봉사대상자를 지원하는 기관 담당자가 될 것이다. 교육봉사를 하게 될 봉사대상자가 결정되고 나면, 기관 담당자와 이메일 또는 전화로 교육봉사에 대해 사전에 확인할 필요가 있다. 기관에 따라 먼저 연락을 해 올 수도 있지만, 담당자 연락처가 주어지면 먼저 연락을 취해 인사를 건네야 할 수도 있다. 인사를 할 때는 상냥하면서도 분명한 말투로 자신이 누구인지 먼저 밝히고 용건을 전한다.

☞ 예

"안녕하세요, ㅇㅇㅇ선생님이시죠? 이번에 □□□에서 교육봉사를 하게 된 **대학교 학생 △△△입니다. 통화 가능하신지요? 언제부터 교육봉사

를 시작하면 될지 상의하려고 전화 드렸습니다."

기관에 따라 교육봉사를 시작하기 전에 담당자를 먼저 방문해서 교육봉사 진행에 대한 안내를 듣게 될 수도 있고, 기관에 방문하자마자 바로 봉사대상자와의 첫 만남을 가지게 될 수도 있으니 담당자와 교육봉사 시작일을 분명히 확인하도록 한다.

기관을 처음 방문할 때에는 신뢰할 수 있는 인상을 줄 수 있도록 다음 몇 가지 사항을 점검하도록 한다. 첫째, 약속시간에 늦지 않도록 조금은 여유 있게 출발한다. 기관의 위치와 소요시간을 사전에 미리 확인하여 5분 전쯤 도착할 수 있도록 시간을 확보하는 것이 좋다. 둘째, 깔끔하고 단정한 복장으로 방문하도록 한다. 눈에 띄는 머리 염색이나 화려한 화장, 지나치게 짧은 스커트, 막 운동을 마치고 땀에 젖은 채로 허겁지겁 온 것 같은 운동복 차림은 아닌지 살펴본다. 셋째, 기관에 도착하면 어떤 사람을 만나든지 밝은 얼굴로 먼저 인사하고 담당자를 찾아왔음을 밝힌 다음 안내를 받도록 한다.

기관 담당자와 인사를 나누고 나면, 봉사대상자에 대한 사전 이해를 위해 그들에 대한 기초 자료를 얻을 수 있는지 문의하고, 이름, 나이, 성별, 학년, 학업성취 정도, 가족관계, 개인 및 가족의 특이사항, 개인 및 보호자의 연락처 등의 자료를 요청할 수 있다. 얻은 자료를 주의 깊게 살펴보고 교육봉사 진행 시에 염두에 두어야 할 사항을 숙지하는 것이 좋다. 그 밖에 교육봉사를 진행할 시간과 장소, 필요한 기자재 및 자료는 어떻게 사용할 수 있는지에 대해 미리 확인하고, 행정적인 준비사항이 있는지에 대해서도 문의하도록 한다.

3) 봉사대상자와의 만남

드디어 교육봉사 시간을 함께할 봉사대상자와의 첫 만남을 준비할 시간이다. 먼저, 첫 만남을 준비하기 전에 다음 질문에 대해 답해 봄으로써 교육봉사자로서 나는 어떤 사람인지, 어떤 기대와 목표를 가지고 교육봉사에 임하려고 하는지 생각하는 시간을 가지도록 한다.

연습 4-1

나에 대해 생각해 보기

다음 질문에 대해 생각해 보고 답을 작성해 봅시다.

- 학교에서 나의 하루는?
- 내가 가장 좋아하는 자유 시간 보내는 방법은?
- 나에 대해 다른 사람이 알았으면 하는 한 가지는?
- 인생에 있어서 가장 중요한 역할은?
- 교육봉사에서 내가 기여할 수 있는 것은?
- 교육봉사자가 된다고 할 때 걱정되는 한 가지는?
- 교육봉사를 통해 얻고자 하는 한 가지를 꼽는다면?
- 봉사대상자가 얻기를 바라는 것 중 가장 중요하다고 생각하는 것은?

이 기대와 목표는 이후 교육봉사를 진행하는 지표가 된다. 기회가 된다면 다른 교육봉사자들과 함께 자신에 대한 생각을 나누고 서로 공유하는 것이 좋은 준비과정이 될 것이다. 이러한 과정을 통해 내가 만날 학생들은 어떤 환경에 처해 있는지, 교육봉사를 통해 내가 그들을 위해 무엇을 해 줄 수 있는지, 앞으로 만나게 될 학생 한 사람 한 사람을 마음으로 상상해 보면서 학생들과의 만남을 그려 보는 것이 필요하다.

다음으로, 첫 교육봉사 시간을 어떻게 보낼 것인지 대략적인 계획을 짜 보도록 한다. 첫 시간은 그 시간을 진행하는 교육봉사자에게도, 참여하는 학생에게도 중요한 시간이다. 첫 시간이 서로에게 즐겁고 유익하다면 다음 만남을 기다리고 기대하게 되겠지만, 그렇지 않다면 그다음 만남이 순조롭게 이루어지지 않을 수 있으니 여러 가지 현실적 상황을 고려하여 첫 시간 진행계획을 세워 보는 것이 좋다. 첫 시간은 본격적인 활동에 들어가기 전에 서로 자기를 소개하고 인사하며 이후 시간을 함께 계획하고 약속을 정하는 것에 좀 더 많은 시간을 할애하도록 한다. 다음은 서울대학교 대학생 멘토링 프로그램 SAM(Seoul National University Active Mentoring)[1]에서 활용했던 자기소개 활동 사례다. 그 밖에 〈부록 1〉과 〈부록 2〉에 나와 있는 자기소개 활동자료(자기소개서, 내 학교생활 이야기)를 활용해서 각자 자신만의 첫 시간을 계획해 보도록 하자.

활동 4-1   나는 누구인가[2]

활동 목표	① 나는 어떤 사람인가 생각해 보고 다른 사람들과 이야기를 나눔으로써, 서로를 소개하고 알아가는 시간을 갖는다. ② 교육봉사자와 봉사대상자 사이에 상호작용을 유발한다. ③ 봉사대상자들 사이에 친밀하고 편안한 관계를 형성한다.
활동 내용	① 학생들과 인사를 나누고, 교육봉사자 자신을 소개한다. ② 먼저 학생들이 적당한 거리를 두고 앉도록 조정한다. 서로 가깝다고 느낄 수 있지만, 책상 위에 놓인 공책의 필기는 잘 보이지 않는 정도의 거리가 적당하다. ③ 학생들에게 종이를 한 장씩 나누어 주고 교육봉사자가 묻는 질문에 대해 답변을 작성하도록 한다. 교육봉사자는 자신이 한 질문을 번호와 함께 따로 기록한다. ④ 교육봉사자의 질문이 끝나면, 이번에는 학생들이 서로에게 궁금한 것을 질문할 수 있도록 한다. 단, 개인을 향한 질문은 제한하고 구성원 모두를 대상으로 하는 질문을 하도록 지도한다. 교육봉사자가 학생에게 제시하는 질문과 학생

---

1) 서울대학교 학생이 멘토가 되어 사회적으로 취약한 위치에 있는 저소득층 청소년 멘티들에게 건전하고 바람직한 역할 모델을 제공하고, 그들과의 친밀한 관계형성과 학습 및 진로지도 등을 통해 멘티들이 우리 사회에서 건강하게 적응하고 성장할 수 있도록 마련한 프로그램이다.

2) 출처: 서울대학교 사범대학, 서울대학교 학생처(2008). SNU Active Mentoring Program 멘토링 지침서.

활동 내용	들이 서로에게 제시하는 질문의 비율은 1:1 정도가 적당하다. 〈교육봉사자가 학생에게 던질 수 있는 질문 예시〉 • 이름과 뜻풀이 • 생년월일 • 주소 • 좋아하는 색깔 • 좋아하는 음식 • 가장 친하다고 생각하는 친구(들)와 그 이유는? • 별로 좋아하지 않는 친구(들)와 그 이유는? • 가족관계 • 최근 가장 좋았던 일 • 최근 가장 기분이 나빴던 일 • 좋아하는 운동 • 존경하는 사람 • 친구를 사귈 때 가장 중요하게 생각하는 것 • 교육봉사활동 시간에 기대하는 것은? 하고 싶은 것은? ⑤ 어느 정도 질문이 이루어졌으면, 교육봉사자는 지금까지 나왔던 질문을 차례대로 읽으면서 학생들과 이야기를 깊이 나눌 수 있는 질문은 함께 이야기하도록 한다. ⑥ 학생들과의 대화가 진행되고 나면 답변을 기록한 종이를 걷는다. 이 종이는 앞으로 교육봉사를 진행하는 데 중요한 자료로 활용할 수 있다.
유의 사항	① 서로 어색하지 않도록 자연스러운 분위기를 형성하는 데 초점을 두고, 앞으로 같이 활동하게 될 참여자들 간에 서로 관심을 갖고 알아가야 할 필요성을 인식시킨다. ② 공적인 질문에서부터 사적인 질문, 황당하고 재미있는 질문까지 적절히 배합해서 학생들이 지루하거나 딱딱하게 느끼지 않도록 해야 한다. ③ 지나치게 개인적인 질문을 하지 않도록 주의한다. 가능하다면 원하는 정보를 유추할 수 있는 다른 질문을 하는 것이 좋다.

이렇게 첫 시간에 대한 준비가 어느 정도 되었다면 이제는 자신감 있고 여유 있는 태도로 학생들과의 첫 만남을 만들어 갈 수 있을 것이다.

교육봉사자는 친절하고 너그러우면서 동시에 분명하고 단호한 태도로 학생들에게 다가갈 수 있어야 한다. 잘해 주고 싶은 마음으로 학생을 무조건 받아 주는 태도는 궁극적으로 학생들이 바람직한 사회성을 배우는 데 도움이 되지 않는다. 물론 처음부터 지나치게 학생들을 통제하면 학생들과 친밀한 관계를 형성하지 못하므로 이 또한 주의해야 할 것이다.

2. 규칙 정하기

학생들과의 첫 만남에서 서로에 대해 소개하고 나면, 앞으로의 만남에서 서로가 꼭 지켰으면 하는 규칙에 대해 의논하는 것이 필요하다. 약속을 정하고 함께 지키고자 노력함으로써 서로 간의 신뢰를 쌓아 가고, 약속의 소중함을 배워 나갈 수 있다. 중요한 것은 교육봉사자가 일방적으로 규칙을 정하기보다 서로가 지켰으면 하는 규칙을 자유롭게 제안하고 의논하여 함께 결정하는 것이다. 이렇게 함께 규칙을 만들어 갈 때 학생들은 스스로가 정한 규칙이기 때문에 자신과의 약속에 대한 책임감을 더 갖게 된다. 또한 교육봉사자는 학생들과 함께 정한 규칙을 지키는 것에 대한 모범을 보임으로써 규칙을 지키는 것이 학생들에 대한 통제가 아니라 서로에 대한 배려와 존중임을 배울 수 있도록 한다.

다음은 교육봉사에서 규칙으로 정해 볼 수 있는 내용이다. 이를 참고하여 각 교육봉사 상황과 내용에 따라 필요한 세부적인 규칙을 만들어 나가야 하며, 적절한 보상과 처벌로 규칙에 대한 강화를 하는 것이 필요하다.

우리들의 약속!

① 출 석
- 정해진 시간에 늦지 않게 참석하기
- 부득이하게 참석하지 못할 경우 최소한 1시간 전까지는 연락하기
- 지각하지 않기: 지각한 사람은 다음 번 과제 출제해 오기

② 예 절
- 먼저 눈 마주치는 사람에게 반갑게 인사하기
- 바르고 고운말 쓰기: 욕설할 경우 노래 한 곡 부르기

③ 자리 배치
- 매주 돌아가면서 자리 바꾸기

④ 정리정돈
- 책걸상 가지런히 하기
- 교육봉사 마치고 갈 때 쓰레기 치우기

규칙을 준수하도록 하기 위해서 약속문을 만들어 직접 사인을 하도록 할 수도 있다. 학생들이 첫 만남부터 산만도가 높거나 통제하기 어려울 경우에, 앞으로 지켜야 할 규칙에 대한 약속문에 직접 사인하게 함으로써 약속의 중요성과 책임에 대해 강조하는 효과를 가져올 수 있다.

3. 관계형성

1) 관계형성의 중요성

교육봉사 시작단계에서는 본격적인 교육활동에 앞서 서로를 알아가고 친밀감을 형성하는 시간이 필요하다. 교육봉사에서 관계형성의 중요성을 언급하는 것은, 서로가 친밀감을 형성해 가는 과정에서 교육봉사자가 학생에 대한 좀 더 깊이 있는 이해가 가능해지고, 특별히 도움이 필요한 학생을 발견할 수 있기 때문이다. 또한 함께 참여하는 봉사대상자들 간에 서로를 알아가고 이해함으로써 친밀감을 형성하고 이후에도 서로 도와가며 학습활동에 참여할 수 있게 된다. 교육봉사에 참여하는 학생들 간에 친밀감이 형성되지 않으면 교육봉사 시간 내내 불편하고 형식적인 참여가 이루어질 수 있다. 교육봉사 시간에 즐거운 마음으로 참여하고 자발적이고 적극적인 분위기가 형성되어야 이후의 활동들이 효율적으로 이루어질 수 있을 것이다.

2) 관계형성 활동

사실, 친밀감과 신뢰를 쌓는 특별한 활동이 있다기보다는 학생 개개인에 대한 애정과 관심을 갖고 모든 활동을 통해 학생을 이해하고자 하는 마음가짐으로 최선을 다하는 것이 무엇보다 중요하다. 하지만 좀 더 효율적으로 학생들 서로 간의 친밀감을 높이고 자신과 타인에 대한 이해를 도모하기 위해 여기서는 시작단계에서 활용해 보면 좋을 만한 대표적인 몇 가지 활동을 소개하고자 한다. 이러한 활동을 학습활동과 적절히 시간을 배분하여 균형 있게 활용하면 궁극적으로 좋은 학습 분위기를 조성하고 효과적으로 학습하는 데 도움이 될 것이다.

활동 4-2　　친구 지도³⁾(〈부록 3〉 참조)

활동 목표	① 주변에 있는 친구들에 대해 생각해 보고, 나에게 좋은 친구란 어떤 친구인지 생각해 볼 수 있다. ② 나는 어떤 친구인지 생각해 본다.
활동 내용	① '친구 지도' 활동지(부록 3)를 나누어 준다. ② 눈을 감고 각자 자신의 친구들을 떠올려 보도록 한다. ③ 친구들 중에 나에게 가장 가깝게 느껴지는 친구는 누구인지, 또 나에게 가장 먼 친구는 누구인지 생각해 보고 가깝고 먼 정도를 친구 지도에 표시해 보도록 한다. ④ 완성한 친구 지도를 가지고 떠올렸던 친구들에 대해 왜 그렇게 느껴지는지 돌아가면서 이야기한다.
유의 사항	이 활동을 통해 나는 친구들에게 어떤 친구인지, 좋은 친구가 되기 위해서는 무엇을 할 수 있을지 생각해 보고, 좋은 친구의 의미를 함께 나누는 것이 중요하다.

활동 4-3　　3분 스피치⁴⁾

활동 목표	자신이 생각하는 자신의 모습을 발표하고 다른 사람의 발표를 경청함으로써 서로를 알아갈 수 있다.
활동 내용	① 발표할 학생에게 초시계를 주고 3분 동안에 자신을 소개해 보도록 한다. 발표자는 자신의 과거, 현재 생활, 미래에 대한 기대를 표현할 수 있다. 또한 지금 이 순간에 느끼는 것은 무엇이든지 말할 수 있다. ② 전체 학생이 다 돌아가면서 발표하고 나면, 발표하면서 어떤 느낌이 들었는지, 다른 사람의 발표를 들으면서는 어떠했는지 함께 이야기를 나눈다.
유의 사항	① 자신에 관해 어떻게 이야기하면 되는지 교육봉사자가 먼저 시작함으로써 학생들에게 모델링이 될 수 있다. ② 전체 학생이 돌아가면서 모두 끝마치기 전에 누군가가 중간에 피드백을 하는 것을 삼가도록 하는 것이 좋다. 모든 사람이 다 끝마친 후에 토론하는 것이 바람직하다. ③ 어떤 사람이 발표를 지나치게 꺼린다면 다른 사람에게로 넘어가는 것이 낫다. 이 사람에게 너무 집중해서 흐름을 끊어 버리는 것은 바람직하지 않다.

활동 목표	태어나서 지금까지 자라는 데 있어 중요한 영향을 끼친 사람들을 떠올려 보고, 어떤 영향을 받았는지 생각해 보는 시간을 갖는다.
활동 내용	① 지금까지 자라는 동안에 나에게 가장 많은 영향을 준 중요한 사람 3인을 백지에 차례대로 기록한다. ② 한 사람씩 돌아가면서 중요 인물들의 성격, 그들과의 관계, 그들과 관련된 사건들을 구체적으로 이야기한다. ③ 이야기를 나눈 다음 각자 무엇을 느꼈는지 소감을 발표한다.
유의 사항	① 중요 인물의 긍정적인 면, 부정적인 면 모두를 골고루 살펴보아야 한다. ② 막연한 대상을 선택하는 일은 삼가는 것이 좋다.

4. 목표설정

1979년 하버드 경영대학원을 졸업하는 학생들에게 "명확한 장래 목표를 설정하고 기록한 다음 그것을 성취하기 위한 계획을 세웠는가?"라는 질문을 던져 보았다고 합니다. 그 질문에 대해 대답한 학생들 중 오직 3%가 목표와 계획을 세웠다고 대답했으며 그것을 글로 적었습니다. 그리고 13%가 목표는 있다고 했지만 글로 표현하지 않았고, 나머지 84%는 뚜렷한 인생의 목표와 계획을 가지고 있지 않다고 대답했습니다. 그로부터 10년 후 연구자들은 이때 응답자들을 다시 조사해 보았습니다. 그 결과, 목표가 있지만 적지 않았던 13%의 사람들은 나머지 84%의 사람들보다 평균적으로 2배의 수입을 올리고 있었고, 목표를 구체적으로 기록했던 3%의 사람들은 나머지 졸업생보다 평균 10배의 수입을 올리고 있었습니다. 이처럼 명확한 목표를 가지고 있는지 아닌지가 그 사람의 성공에 민감한 영향을 미치고 있었습니다.

---

3) 출처: 이상희, 노성덕, 이지은(2006). 청소년 상담연구 〈중학교용 또래상담 프로그램〉.
4) 출처: 황경열(1992). 집단상담의 초기단계에서 활용될 수 있는 기법과 활동.
5) 출처: 상게서.

대부분의 사람들은 인생목표를 정하는 것이 매우 중요하며 삶에 변화를 준다는 것을 잘 알고 있지만, 실제로 목표를 설정하는 사람은 매우 드뭅니다. 그 이유는 대부분의 사람들이 목표를 어떻게 설정하는지 잘 모르고 있기 때문이지요. 여러분이 목표를 구체적으로 설정하는 이 시간은 앞으로 여러분의 인생에 하나의 전환점이 될 수 있습니다.

– 브라이언 트레이시(Brian Tracy)의 『목표 그 성취의 기술』 중에서

교육봉사자가 봉사대상자와 만나서 어느 정도 관계형성이 되고 나면 이후부터는 구체적인 활동에 들어가게 된다. 활동을 시작할 때는 무작정 '함께 공부를 하면 되겠지.' 혹은 '함께 즐거운 시간을 보내면 되겠지.' 라는 생각을 하기 쉽다. 그러나 이러한 생각만으로는 활동의 효과를 높일 수 없다. 물론, 봉사대상자는 교육봉사자와의 만남만으로도 학습이나 정서적 측면에서 긍정적인 영향을 받을 수 있다. 그러나 활동을 어떻게 계획하느냐에 따라서 그 효과를 더 크게 높일 수 있게 된다. 이를 위해서 필요한 것이 바로 목표설정이다.

1) 목표설정의 중요성

목표를 설정하는 것은 어떤 활동에서나 중요하지만 교육봉사활동에서는 특별한 지침이 주어지지 않은 채 교육봉사자가 봉사대상자와 의견을 조율하여 활동내용을 구성하기 때문에 그 중요성이 더 강조된다. 구체적인 지침이 주어지지 않기 때문에 창의적으로 즐거운 활동을 구성할 수 있다는 장점이 있지만, 충분히 준비하지 않은 채 임시방편으로 그날그날 적당히 활동을 구성했다가는 제한된 활동시간을 효율적으로 보내지 못하고 아깝게 흘려 버릴 수도 있는 위험성이 있다. 이 때문에 적절한 목표를 설정하고 그에 알맞은 활동을 계획하여 진행하는 것이 매우 중요하다.

목표설정의 중요성을 구체적으로 살펴보면, 첫째 목표설정은 이후 활동의 방향을 제시해 준다. 교육봉사활동을 통해서 주로 학생들의 학업적 발전을 이루고 싶은지, 아니면 주로 인성적 측면에서의 지원을 해 주고 싶은지, 혹은 예체능 과목에 중점을 둔 봉사활동을 진행할 것인지에 따라서 활동내용은 달라질 수밖에 없다. 만일 이번 학기 교육봉사의 목표로 수학성적을 20점 이상 올리기로 결정했다면 활동내용은 주로 학업에 초점을 두고 진행될 것이고, 이번 학기 교육봉사의 목표로 희망 직업군을 결정하기로 했다면 활동내용은 다양한 직업의 탐색으로 구성될 것이다. 이처럼 목표를 무엇으로 결정하는가는 활동의 방향과 내용을 정해 주어 활동시간이 일관성 있고 의미 있게 진행되도록 도와주기 때문에 효과적이다.

둘째, 목표설정은 동기부여의 원동력이 된다. 막연히 활동을 진행하는 것과 이번 학기의 목표를 구체적으로 설정하여 진행하는 것은 교육봉사자와 봉사대상자 모두에게 다른 마음가짐을 갖도록 한다. 예를 들어, 달리기를 하는 선수들이 있다고 하자. 두 선수 모두 100m를 뛰도록 할 예정이다. 한 선수에게는 미리 100m를 뛰는 것이 목표라고 일러두고 다른 선수에게는 그런 언급을 하지 않았다. 미리 100m를 뛰는 것을 알고 있었던 선수는 도달지점을 알기에 힘껏 속도를 내어 목표에 도달하고자 하겠지만, 자신이 어디까지 뛰어야 할지 모르는 선수는 그저 평균 속도를 내면서 달리기를 할 것이다. 교육봉사활동도 마찬가지다. 적절한 목표가 설정되면 봉사대상자와 교육봉사자 모두 목표달성을 위해서 노력할 것이고 목표가 달성되면 큰 성취감을 느끼게 될 것이다.

셋째, 목표설정은 예측 가능성을 제공한다. 교육봉사자와 합의의 과정을 거쳐 각자의 목표가 정해지고 나면, 봉사대상자들은 앞으로 어떤 내용을 진행하게 될지, 무엇으로 활동이 채워지게 될지 예측할 수 있게 되고 이는 앞으로의 교육봉사활동에 대해 안정감을 준다. 더불어, 활동의 방향이 마음에 들지 않거나 동의하지 않는 내용이 있을 때에는 미리 교육봉사자에게 자신의 의견을 제시할 수도 있다.

넷째, 목표설정은 평가의 기준이 된다. 목표를 설정하지 않고 그냥 활동을 진행하게 될 경우 학기말이 되거나 활동을 마무리하게 되었을 때, 이 활동이 어느 정도의 성과를 냈는지 판단하기가 어렵다. 단순히 시작할 때와 비교해서 좋아졌다 혹은 나빠졌다로 평가해서는 안 될 것이다. 실제 봉사대상자의 능력에 비해 어느 정도의 성과를 낸 것인지, 그리고 학업이 아닌 인성적인 측면에서의 변화는 어떠한지, 특별한 부분에 중점을 둔 봉사활동이 성과를 낼 수 있는지 등 다각적인 면에서의 평가가 가능하려면 적절한 목표가 설정되어야 한다.

이처럼 목표를 설정하는 것은 앞서 제시한 하버드 학생들의 예화에서 볼 수 있듯이 활동의 방향을 제시할 뿐만 아니라 일을 달성하고자 하는 추진력을 제공해 준다. 또한 판단의 근거를 제시하여 제대로 된 길로 가고 있는지, 수정이 필요하지는 않은지 알려 주고, 얼마나 성과를 냈는지 판단하게 해 준다. 따라서 목표를 설정하고 활동을 진행한다면 보다 꼼꼼하고 체계적으로 활동을 진행할 수 있게 되고, 결과에서도 더 좋은 성과를 낼 수 있을 것이다.

2) 목표설정의 방법

그렇다면 좋은 목표를 설정하기 위해서는 어떻게 하는 것이 좋을까?

목표설정을 위한 좋은 방법으로 여기서는 SMART 원리(Doran, 1981)를 소개하고자 한다. SMART 원리는 구체성(Specific), 측정 가능성(Measurable), 달성 가능성(Achievable), 현실성(Realistic), 구체적인 기한 제시(Time-related)의 약자로 좋은 목표를 설정하기 위한 원칙을 설명하고 있다. 세부적인 내용은 〈표 4-1〉과 같다.

목표를 설정했다면 목표를 이루기 위한 전략을 세워 본다. 전략은 목표를 달성하기 위한 접근방법이라고 생각하면 된다. 예를 들어, '3개월 이내에 학

⟨표 4-1⟩ **목표설정의 원리**[6]

요건	설명
구체성	• 특정한 분야를 설정하라: 누가, 어디서, 무엇을, 언제, 어떻게 등을 분명하게 제시하라. 예) 이번 학기말 시험에서 봉사대상자들이 수학성적을 각각 10점씩 향상시키도록 하겠다.
측정 가능성	• 측정 가능한 목표를 설정하라: 구체적인 숫자, 측정 가능한 단어로 제시하라. '보다' '잘' '최고의' '최선의' 등의 단어는 삼가라. 예) 2주 동안 세 번, 처음 만나는 사람에게 먼저 말을 걸어 보겠다.
달성 가능성	• 달성 가능한 목표를 설정하라: 자신의 능력에 바탕을 두고 스스로의 노력을 통해 달성 가능한 목표를 세우라. 예) 이번 주 동안 팔굽혀 펴기를 매일 10개씩 실시하겠다.
현실성	• 현실적인 목표를 설정하라: 달성 가능하지만 현실적이지 않은 목표는 피하라. 예) 대인관계를 향상시키기 위해 이번 학기 대인관계 향상 프로그램에 참여하여 80% 이상 출석하겠다.
구체적인 기한제시	• 데드라인(dead line)을 정하라: 목표달성의 구체적인 일정을 제시하라. 예) 3개월 이내에 학생들이 두 자릿수 나누기를 90점/100점 이상 받도록 지도하겠다.

생들이 두 자리 수 나누기를 90점/100점 이상 받도록 지도하겠다.' 와 같은 목표를 세웠다면 이를 달성하기 위한 전략으로는 '활동시간마다 나누기 문제 20개 풀기' '과제로 나누기 문제 5개 내주기' '틀린 문제 오답노트 정리하기' 등이 있을 수 있다.

목표설정하기에 익숙해졌다면 실제로 목표를 설정하는 연습을 해 보자. 목표는 학업이나 인성 등 구체적으로 영역을 나누어서 설정한다. 봉사대상

---

6) 신미라(2005). 집단상담에서 목표설정 훈련이 내담자의 동기, 상담자 평가, 회기평가에 미치는 효과.

자들이 배정되어 있다면 봉사대상자들을 떠올리면서 이번 학기 동안 교육봉사활동을 통해 달성하고 싶은 목표가 무엇인지 생각해 보고, 작성해 보도록 하자.

연습 4-2

목표설정

1. 교육봉사를 통해 이루고 싶은 목표는 무엇인지 생각해 보고 작성해 봅시다.

2. 목표를 달성하기 위한 전략을 작성해 봅시다.

예시) 목표 1. 이번 달까지 학생들이 두 자릿수 곱셈을 80점 이상 받도록 한다.

　　　전략 1. 하루에 곱셈 문제 10문항씩 풀도록 과제 내주기

　　　전략 2. 틀린 문제 다시 풀어 오도록 하기

　　　전략 3. 맞는 문제 수가 늘어날 때마다 스티커 주기

　목표설정의 원리에 따라 세운 자신의 목표를 기초로 하여, 교육봉사에 참여하는 각 학생들도 자신의 목표를 세울 수 있도록 지도하는 것이 좋다. 달성하고 싶은 목표가 무엇인지 함께 이야기해 보고 직접 작성해 보도록 하는 것이 도움이 된다. 목표설정 활동지(〈부록 4〉 참조)를 활용하여 교육봉사에서 지도하는 영역에 따라 두세 가지 목표를 세워 볼 수 있도록 할 수 있다. 이때 교육봉사자는 학생들에게 일방적으로 목표를 제시하지 않도록 주의한다. 학생 스스로가 원하는 목표를 정해 볼 수 있도록 하고, 목표를 세우기 어려워하는

학생이 있다면 교육봉사자가 생각하는 목표를 제안해서 생각해 보도록 할 수 있다. 또한 학생이 원하는 목표 하나하나에 관심을 가지고, 학생 각각의 목표가 목표설정의 원리에 따라 적절한지 함께 검토하면서 구체적으로 수정해 나갈 수 있는 과정을 거침으로써 교육봉사 시간 내에 달성할 수 있는 최적의 목표를 서로 합의하여 도출해 나가는 것이 중요하다.

제5장
진행단계

　교육봉사자와 봉사대상자가 첫 만남을 가지고 나면 시작단계를 거치면서 본격적인 활동이 시작된다. 이 시기가 되면 서먹하고 어색했던 봉사대상자와의 관계도 친밀해지고, 활동 진행도 어느 정도 안정적으로 자리를 잡게 된다. 그러나 활동을 효과적으로 진행하기 위해서는 현재의 활동이 어떤 방향으로 가고 있는지 중간 점검을 통해 조정하는 것이 필요하다. 이 장에서는 교육봉사활동이 일반적으로 어떻게 진행되는지 살펴본 후 중간평가를 통해 활동을 조정해 나가는 과정을 살펴볼 것이다.

1. 활 동

　진행단계는 이제 본격적으로 학생들을 만나면서 다양한 활동을 하고 학생들과 친숙해지는 단계라고 할 수 있다. 처음 교육봉사활동을 시작할 때는 막막한 것도 많고 아직 학생들과도 어색함을 느낄 수 있지만, 활동이 안정단계로 접어들면서 친밀감이 생기고 활동에도 익숙해져 활동 자체에만 집중하면서 즐거움을 느낄 수 있게 된다.

이 절에서는 전반적인 활동시간의 운영이 어떻게 이루어지는지 살펴보고, 활동 시 필요한 행정 처리와 기록에 대해 알아볼 것이다.

1) 활동시간의 운영

교육봉사활동은 보통 1시간 반에서 길게는 3시간가량 진행될 수 있는데 대상이나 활동에 따라 조금씩 달라질 수 있다. 봉사대상자가 초등학교 저학년인 경우에는 집중력에 한계가 있으므로 너무 긴 시간 운영하는 것은 바람직하지 않고 중간에 쉬는 시간을 잘 활용하여 활동에 즐겁게 참여할 수 있도록 운영한다. 다만, 문화체험 중심의 활동을 하는 경우에는 예외적으로 반나절이나 그보다 긴 시간 동안 진행될 수 있다. 활동시간은 전체적으로 [그림 5-1]과 같이 진행된다.

① 출석 확인: 활동시간의 운영을 단계별로 살펴보면, 먼저 출석확인을 한

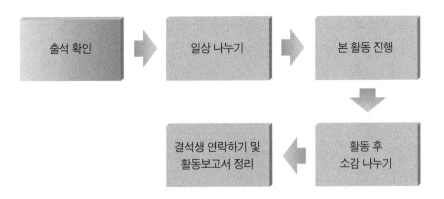

[그림 5-1] 활동시간의 운영

다. 출석을 확인하는 것은 교육봉사자가 이 시간을 중요하게 생각하고 있다는 인상을 줄 수 있고, 학생들도 긴장감을 가지고 활동에 참여하게 된다. 지각 없이 출석을 잘하는 학생에게 작은 선물을 주거나 상장 등 강화물을 제공하면 활동에 좀 더 관심을 갖도록 동기부여를 할 수 있다.

② 일상 나누기: 일상 나누기는 꼭 필요한 과정으로서 교육봉사활동은 청소년의 건강한 성장과 발달을 지원하는 것이 주요 목표라는 점을 생각해 볼 때, 봉사대상자의 일상에 관심을 가지고 친밀한 관계를 형성하는 것은 가장 우선적인 일이라고 할 수 있다. 이 과정에서 필요에 따라 시작단계에서 소개했던 관계형성 활동들을 간단하게 활용할 수도 있을 것이다. 일상 나누기를 통해 봉사대상자의 고민이나 어려움 등을 알게 되면 기억해 두었다가 이후 봉사대상자와 면담 등을 통해 어려움을 잘 이겨낼 수 있도록 도울 수 있다.

③ 본 활동 진행: 본 활동은 활동의 목표를 무엇에 두느냐에 따라 다양하게 진행할 수 있다. 시작단계에서 세운 목표를 중심으로 일일 활동의 내용도 계획을 세워 진행한다. 이때 시작단계의 목표와 일관성을 지니는 회기별 목표를 설정하고 계획을 세우는 것이 좋다. 활동내용은 목표에 따라서 학습지도가 될 수도 있고, 진로지도나 대인관계 지도가 될 수도 있다. 이 부분에 해당하는 주요 내용은 3부 교육봉사의 내용 부분을 참고하여 구성할 수 있다.

활동시간은 기관이나 개인의 상황에 따라 자유롭게 구성할 수 있는데, 특히 봉사대상자의 연령을 고려해야 한다. 즉, 학교의 수업운영과 유사하게 초등학교 저학년의 경우에는 40분간 활동을 하고 10분간 휴식을 취하며, 고학년은 45분간 진행하고 10분간 휴식을 취한다. 중·고등학생은 50분간 진행한 뒤 10분간 휴식을 취한다. 다른 활동의 경우도 마찬가지지만 특히 학습을 주요 활동으로 진행하는 경우에는 휴식시간을 적절히 안배하여야 학생들의 집중력을 높일 수 있다.

④ **활동 후 소감 나누기:** 활동이 끝나고 나면 해당 회기의 활동을 정리하면서 학생들과 소감을 나눈다. 어떤 점이 좋았고 가장 기억에 남는지, 아쉬웠던 점은 무엇인지 등 가벼운 소감에서부터 진지한 생각까지 다양하게 이야기를 나눈다. 하루의 활동을 끝낸 후 평가를 하는 과정은 봉사대상자에게 하나의 활동을 시작해서 마무리하는 과정을 보여 줄 뿐만 아니라 봉사대상자로부터 활동에 대한 피드백을 받을 수 있는 장점이 있다. 교육봉사자의 평가와 봉사대상자의 평가를 비교해서 어떤 점에서 차이가 나는지 분석해 보고 다음 활동에 반영한다.

⑤ **결석생 연락하기 및 활동보고서 정리:** 마지막으로 활동에 참석하지 않은 결석생이 있는 경우에는 전화로 연락해서 무슨 이유가 있었는지 알아보고 차후에는 일이 생길 경우 미리 연락을 해 줄 것을 당부한다. 만일 학생이 지속적으로 무단결석을 하는 경우에는 연락을 취하여 교육봉사활동에 대한 불편함이 있는지, 지속적인 활동의사가 있는지 등을 확인해 보고 어려움이 있는 경우 함께 해결방안을 모색한다. 학생이 활동을 그만두기를 희망하는 경우에는 기관 담당자에게 이 사실을 알리고 종결이 가능한지 확인한다. 만일 활동을 종결하는 것으로 결론이 내려진다면 학생을 직접 만나 이야기를 듣고 정식으로 활동을 끝내는 것이 좋다. 이 과정을 통해 학생들에게 대인관계는 잘 시작하는 것만큼 좋은 만남으로 관계를 잘 정리하는 것이 중요하다는 것을 알려 주고, 하나의 만남을 시작하면 그 과정에는 책임감도 따른다는 것을 알게 해 준다.

그리고 그날의 활동을 활동보고서로 작성하여 정리한다. 활동보고서는 계획을 세우는 데 도움이 될 뿐만 아니라 활동 중 어떤 일이 있었는지 이후에 찾아볼 수 있는 중요한 기록이 되므로 가능한 한 자세하게 기록해 둔다. 기한이 지나면 부담스러운 일거리가 될 수 있으므로 제때 기록한다.

이와 같은 사항을 고려한다면 한 회기 동안 운영되는 봉사활동을 무리 없이 잘 진행할 수 있을 것이다. 진행단계는 교육봉사활동이 이루어지는 중심 과정으로 전체 교육봉사활동의 대부분을 차지한다. 한 회기의 전체적인 구성은 이와 같이 운영하고, 구체적인 활동의 내용은 3부에 제시되는 학습이나 진로 혹은 대인관계 등을 참고하여 진행할 수 있다. 그 밖에 과정상에서 발생하는 어려움들은 7장 실전 FAQ를 통해 도움을 받을 수 있을 것이다.

2) 행정처리 및 기록

교육봉사활동을 진행하게 되면 활동을 나가는 기관에 따라 행정적인 문서 작성이 요구되기도 한다. 작성해야 하는 행정문서로는 먼저 활동보고서가 있다. 기관에서 요구하지 않는 경우라도 교육봉사자가 자신의 활동내용을 기록해 두는 것은 활동 상황을 평가하거나 봉사대상자의 특성을 떠올릴 때 많은 도움을 받을 수 있다. 지난 시간에 어떤 활동을 했었고 무슨 일이 있었는지 꼼꼼하게 기록해 두면 다음 활동에 대한 계획을 세우거나 학생들을 지도할 때 구체적인 정보가 될 수 있다. 활동보고서는 하루의 활동을 적고 학생들 간의 다툼이나 화해, 즐거웠던 일 등 중요 사건을 꼭 기록해 둔다. 또한 그날의 평가, 앞으로 개선해야 할 부분, 담당 기관과 논의하거나 확인해야 할 사항 등을 포함시킨다. 활동보고서의 기본 양식은 대학이나 기관에서 제공해 주는 경우도 있고, 개인적으로 양식을 만들어서 활용해야 하는 경우도 있을 것이다. 다음 〈표 5-1〉은 SAM 멘토링 프로그램에서 사용한 활동보고서의 예다. 이를 참고하여 각자의 활동보고서(〈부록 5〉 참조)를 작성하면 된다.

두 번째로 예산을 배정받는 교육봉사활동이라면 예산계획 및 처리에 대한 기록이 필요할 수 있다. 즉, 앞으로 예산을 어떻게 사용할 것인지 계획을 세우고 예산을 사용한 뒤에는 영수증 및 사용내역을 기록하여 제출하는 것이다. 이 양식은 기관마다 다르고 특정한 형태의 영수증만 사용 가능한 경우 등

〈표 5-1〉 활동보고서 예시[1]

교육봉사 활동보고서(10월 4째주)

봉사자	박○○	담당 슈퍼바이저	□□□	봉사 대상자	○○○, @@@, ###
활동 목표					

활동 목표	〈이달의 목표〉 - 학습 분위기 조성하기, 다양한 방법으로 영어에 접근 노력 〈회기 목표〉 - 영어말하기 대회를 보면서 영어를 어떻게, 왜 공부해야 하는지 생각하는 시간 갖기

활 동 사 항

날짜	시간	참가자	장소	활동내용	
				학습내용	인성, 진로 및 기타 활동
10/25	09:00 ~ 13:00	○○○, @@@, ###	△△교회	아이들의 실력이 아직 영어 말하기 대회에 참가할 만큼 뛰어나지 않아 참가하지는 못하고 참관만 했다. 하지만 특히 영어 노래에 있어서 멘티들이 하면 더 잘할 수도 있을 거라고 생각했다.	요즘 @@가 학교에서 잘 못 지내는 것 같다. 또래에 비해 사춘기가 일찍 온 것뿐인 것 같은데 아이들이 왕따를 시키는 것 같아서 안타깝다. 이런 상황은 어떻게 해야 할지…….

향후 계획	영어말하기 대회에서 자극도 받고 우리도 할 수 있다는 생각을 갖게 한다.
논의하고 싶은 문제	1) 학습: 이렇게 보는 것도 정말 좋은 학습방법이라는 것을 배웠습니다. 앞으로 이런 방법을 많이 써야겠습니다. 2) 인성, 진로 지도: 2학기에 접어드니까 아이들이 따로 떨어지는 것이 눈에 보입니다. 그럴 수도 있지만 힘든 아이들의 시기에 조금이라도 도움을 주었으면 좋겠습니다. 3) 행정관리: 4) 기타:
소감 및 기타 사항	영어노래를 배우는 것을 추진해야겠다. 다른 사람에게 보여 주기 위해 공부를 시킨다면 효율적으로 될 것 같다. 한 학기 넘게 교육봉사활동을 하지만 아직도 아이들을 다잡기 위한 요령이 생기지 않았다.
평가	1) 학습지도: 교회에서 많은 사람이 있는 곳에 가니 그나마 아이들이 조용히 있었다. 교실에서도 이런 효과를 내도록 노력해야겠다. 　(매우 불만족) 1--2--3--4--5 (매우 만족) 2) 봉사대상자와의 관계: 내가 목표로 했던 '믿음이 가는 교육봉사자'가 될 수 있을지 의문이 들었다. 초등학교 5학년이 가지는 나름의 문제를 이해하도록 노력해야 할 것이다. 　(매우 불만족) 1--2--3--4--5 (매우 만족) 3) 전반적인 회기 운영: 특별한 프로그램이 있으니 회기 운영은 잘 되었다. 　(매우 불만족) 1--2--3--4--5 (매우 만족)

---

1) 출처: 서울대학교 사범대학, 서울대학교 학생처(2008). SNU Active Mentoring Program 멘토링 지침서.

다양한 요구가 있으므로 활동을 시작하는 단계에서 미리 확인해 둔다. 초반에 확인하지 않고 예산을 사용했는데 나중에 인정될 수 없는 영수증이라면 자비로 예산을 메꾸는 낭패를 볼 수도 있다. 확인할 사항은 다음과 같다.

- 1인당 지원되는 정확한 금액
- 예산사용계획서를 제출해야 하는지 여부
- 예산사용내역서가 있는지 여부, 없는 경우 정리하는 방법
- 제출 가능한 영수증 양식(간이 영수증 및 카드 영수증 가능 여부)
- 영수증 제출 방식
- 항목별 금액의 유동적 사용이 가능한지 여부

교육봉사자는 대부분 아직 사회경험이 없는 대학생이기 때문에 이러한 일이 어렵게 느껴질 수도 있으나 익숙해지고 나면 큰 어려움 없이 해낼 수 있는 일이기도 하다. 엑셀파일을 만들어서 가용금액과 지출구조를 기록하면 예산 내역을 정리하는 것이 훨씬 수월할 수 있다. 또한 외부에 견학을 가거나 문화 활동을 계획하는 경우에도 학교의 양식을 미리 받아두었다가 이에 맞추어 서류 작성을 한다.

2. 중간평가

활동이 어느 정도 진행되면 중간평가가 필요하다. 현재 진행하는 활동의 방법이 적절한지, 성과는 어떠한지, 새로운 방법이 필요하지는 않은지 점검을 해야 이후 과정이 원활하게 진행될 수 있다. 이러한 과정 없이 일정에 쫓겨 활동을 진행한다면 봉사대상자들의 바람과 동떨어지고 효과도 떨어지는 활동이 될 수 있다. 그러나 중간평가의 시기는 반드시 중간이어야 할 필요는

없다. 초기 목표설정 이후 3～4주가 지나면 평가를 할 필요가 있으며 꼭 한 번의 평가가 아닌 여러 번의 평가가 이루어질 수 있다. 평가를 하고 나면 기존의 방식을 유지할 수도 있지만 대부분 평가결과를 반영하여 목표를 수정하거나 활동방법을 새롭게 바꾸어 나가게 된다. 이 절에서는 평가의 목적 및 구체적인 평가내용에 대해 다루게 될 것이다.

1) 평가의 목적

중간평가는 지금의 지도방식이 적절한지, 수정이 필요하지는 않은지에 대해 의사결정을 하기 위해 정보를 수집하고 평가하는 과정이다. 즉, 중간평가는 교육봉사활동 과정에 최대한 도움을 주어 그 효과를 극대화시키려는 데 목적이 있다. 목적을 구체화하면 다음과 같다(성태제, 2002).

- 교육과정을 평가한다.
- 목표달성 수준을 평가한다.
- 지도 자료나 프로그램을 개선한다.
- 교육봉사와 관련된 인적, 물적 자원을 평가한다.
- 예산 사용을 점검한다.

이와 같이 중간평가는 최종평가와 달리 교육봉사활동을 개선시키는 데 더 주요한 목표가 있다. 이를 위해 앞에 제시된 항목을 전반적으로 평가하고 평가결과를 반영하여 봉사활동 방식을 바꾸어 나간다.

2) 평가의 내용

평가에는 두 가지 내용이 포함될 수 있는데, 하나는 목표달성 평가이고 다른 하나는 교육봉사활동 운영 전반에 대한 평가다. 두 부분은 서로 연결되어 있으나 평가하는 방식이 다르므로 각각 설명하도록 하겠다.

(1) 목표 평가

활동이 어느 정도 안정적으로 자리를 잡게 되면 초기에 설정된 목표가 적절한 것인지 평가하는 것이 필요하다. 학습영역의 경우에는 학교 시험성적이나 봉사활동 중 실시하는 형성평가 등을 통해 목표달성 여부를 확인할 수 있다. 인성이나 진로 영역의 경우에는 평소 관찰을 통해 봉사대상자가 목표를 잘 달성했는지 평가할 수 있다. 이러한 평가가 가능하도록 하기 위해서는 측정 가능한 구체적인 목표가 설정되어야 한다. 적어도 3회 이상의 평가를 통해 목표달성 여부가 적절한지 확인하고 이후 목표를 수정하거나 유지할 수 있다.

(2) 운영전반 평가

운영전반 평가에는 다양한 영역이 포함될 수 있는데 교육과정, 회기운영, 지도자료, 프로그램, 봉사대상자와의 관계, 봉사대상자 간의 관계, 봉사대상자의 태도, 봉사대상자의 만족도, 교육봉사자의 태도, 장소 및 시설과 같은 환경적 여건 등 총 열 가지 영역으로 구성되며 구체적으로 점검해야 할 부분은 〈연습 5-1〉에 제시된 표를 참고하여 항목별로 살펴보는 것이 좋다.

먼저, 교육과정과 회기운영, 지도자료, 프로그램의 경우에는 각 내용이 봉사대상자의 발달 수준을 고려하여 만들어졌는지 검토해 보고 학생들이 흥미를 가지고 참여할 수 있도록 재미있게 내용을 구성한다. 시간상으로도 학생들이 지치지 않도록 여유 있게 구성하고 전체적으로 목표를 잘 반영하여 일관된 교육이 이루어질 수 있도록 한다. 다양한 자료를 참고하는 것은 좋으나 자칫 잘못하면 일관성이 없는 짜깁기 프로그램이 될 수 있으므로 이 점에 주의한다.

연습 5-1

중간평가(교육봉사자용)

다음의 중간평가표를 활용하여 지금까지 진행해 온 교육봉사활동을 점검해 보자.

평가내용	평가항목	(매우 불만족) (매우 만족) 1-2-3-4-5
교육과정	전체 구성이 목표와 일관성 있게 짜여 있는가?	1--2--3--4--5
	과정이 학생들의 발달단계에 맞게 구성되어 있는가?	1--2--3--4--5
	한 번 진행하는 분량이 적절한가?	1--2--3--4--5
회기운영	한 회기의 운영시간은 적절한가?	1--2--3--4--5
	회기별 진행내용의 시간배분은 적절한가?	1--2--3--4--5
지도자료	지도자료는 학생들의 수준에 적절한가?	1--2--3--4--5
	지도자료가 너무 딱딱하거나 지루하지는 않은가?	1--2--3--4--5
프로그램	해당 자료 및 프로그램이 목표를 잘 반영하고 있는가?	1--2--3--4--5
	프로그램 간에 연결성이 떨어지지는 않는가?	1--2--3--4--5
	학생들이 프로그램을 잘 따라오고 있는가?	1--2--3--4--5
봉사대상자와의 관계	학생들은 교육봉사자에게 친밀감을 느끼는가?	1--2--3--4--5
	학생들은 교육봉사자의 지시를 잘 따르는가?	1--2--3--4--5
	학생들은 교육봉사자에게 자신의 고민을 이야기하는가?	1--2--3--4--5
	교육봉사자는 학생들을 잘 통제할 수 있는가?	1--2--3--4--5
봉사대상자 간의 관계	봉사대상자들 중 소외되는 학생은 없는가?	1--2--3--4--5
	유달리 말이 없거나 소극적인 학생은 없는가?	1--2--3--4--5
	다른 학생을 괴롭히거나 무시하는 학생은 없는가?	1--2--3--4--5
봉사대상자의 태도	학생들이 무단 지각이나 결석을 하지는 않는가?	1--2--3--4--5
	학생들이 활동에 적극적으로 참여하는가?	1--2--3--4--5
봉사대상자의 만족도	학생들은 교육과정에 만족하는가?	1--2--3--4--5
	학생들은 설정된 목표에 만족하는가?	1--2--3--4--5
	학생들은 교재나 프로그램에 만족하는가?	1--2--3--4--5
	학생들은 진행 장소에 만족하는가?	1--2--3--4--5
교육봉사자의 태도	활동준비를 철저히 하였는가?	1--2--3--4--5
	지각이나 결석을 하지는 않았는가?	1--2--3--4--5
	행정처리나 기록을 잘 하였는가?	1--2--3--4--5
장소 및 시설 환경적 여건	장소가 지나치게 춥거나 덥지 않은가?	1--2--3--4--5
	필요 기기가 잘 마련되어 있는가?	1--2--3--4--5
	담당자와 잘 연락이 되는가?	1--2--3--4--5

두 번째로 관계적인 측면에 주의를 기울인다. 교육봉사자와 봉사대상자와의 관계, 봉사대상자 간의 관계를 평가해 본다. 학생 간에 사이가 좋고 교육봉사자와 좋은 관계를 맺어야 활동이 즐겁고 자꾸 오고 싶어진다.

교육봉사자가 봉사대상자와 친밀한 관계형성이 되지 못한 것으로 판단될 경우에는 해당 봉사대상자와 간식시간이나 쉬는 시간을 활용해서 개별적으로 대화할 시간을 확보하여 보다 친근감을 형성할 수 있도록 한다. 또한 소외되는 봉사대상자가 있는 경우에는 상호작용이 많은 활동을 구성하여 봉사대상자 간에 친해질 수 있는 기회를 만든다.

세 번째로 태도적인 측면을 평가한다. 교육봉사자의 태도와 봉사대상자의 태도를 모두 검토해서 바꿔야 할 점이 발견되면 이를 잘 반영하도록 한다. 특히 교육봉사자 스스로의 태도를 점검해야 한다. 교육봉사자가 성실하고 약속을 잘 지킬 때 봉사대상자들도 이를 본받고 따라가게 된다는 점을 잊지 말아야 한다. 봉사대상자의 경우 지각이나 결석 등이 많아지면 활동에 흥미를 잃고 있다는 신호일 수 있으므로 개별적인 면담을 통해 이유를 탐색해 보고, 전체적으로 출석이나 참여가 느슨하게 운영되면 다시 한 번 시간엄수의 중요성을 강조할 필요가 있다.

마지막으로 시설이나 환경적인 측면을 점검하여 너무 춥거나 덥거나 혹은 활동에 집중하는 것을 방해하는 환경이라면 담당자와 상의해서 장소를 바꿀 수 있도록 한다.

평가는 교육봉사자와 함께 봉사대상자도 실시할 수 있도록 한다. 봉사대상자의 평가항목은 〈부록 6〉에 제시되어 있다. 이처럼 평가항목에는 여러 가지가 있지만 실제로 평가를 실시할 때는 시기별, 활동내용별로 필요한 부분만 선택해서 평가를 실시할 수 있다.

| 활동 5-1 | 중간평가(〈부록 6〉 참조) |

활동목표	현재까지 진행된 활동을 평가해 보고 봉사대상자의 만족도를 점검하여 이후 활동에 반영한다.
활동내용	① 중간평가 항목표(부록 6)를 나누어 주고, 평가의 취지를 설명한다. 　예) 우리가 그동안 함께 여러 가지 활동을 했잖아? 그게 어떤 점에서 좋았 　　는지, 어떤 점에서 아쉬웠는지 점검해 보는 시간을 가질 거야. 점검해 　　보고 아쉬운 점은 다음부터 나아지도록 조정을 하게 돼. ② 이 평가가 학생 개인을 평가하는 것이 아님을 알려 주고 솔직히고 편안하 　게 작성할 수 있도록 한다. ③ 학생들이 평가서를 작성하고 나서 그 밖에 더 하고 싶은 이야기가 있다면 　이야기할 수 있도록 한다.
유의사항	평가항목 이외에 하고 싶은 이야기를 편하게 할 수 있도록 진행하여 실질적 이고 유용한 평가가 이루어질 수 있도록 한다.

3. 목표 수정

　중간평가 결과를 통해 목표 달성 여부를 확인하였다면, 그 결과에 따라 목표를 수정하게 된다. 학습의 경우를 예로 생각해 보자. 만일, 단기목표로 수학에서 60점을 받는 것을 설정하였다면 중간평가를 통해 수학 성적의 경향을 파악한다. 적어도 세 번 이상의 경향을 판단하는 것이 중요한데, 한 번만으로는 봉사대상자의 상황에 따라 평가가 달라질 수 있기 때문이다. 경향이 목표와 비교해서 [그림 5-2]와 같이 하향하는 양상을 나타낸다면 목표를 낮추어 수정해야 한다. 그리고 하향의 원인을 파악해 본다. 교재가 실력에 비해 어려운 것은 아닌지, 지도방법이 학생과 잘 맞지 않는 것은 아닌지 파악해 보고 지도방법을 수정하는 것도 필요하다.

　반면, [그림 5-2]와 같이 목표에 비해 더 상향하는 양상을 나타낸다면 이 경우에는 목표가 봉사대상자의 능력에 비해 지나치게 낮게 설정된 경우라고

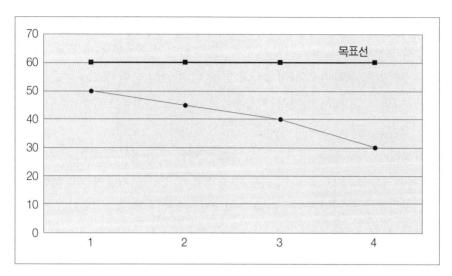

[그림 5-2] 목표에 비해 하향된 결과

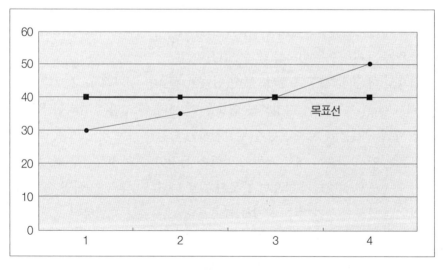

[그림 5-3] 목표에 비해 상향된 결과

할 수 있다. 목표는 학생에게 도전감을 주면서도 적절히 성취감도 느낄 수 있
도록 약간 높게 설정된 경우가 가장 바람직하다고 할 수 있다. 즉, 노력하면
달성할 수 있는 정도의 수준이 좋다. 따라서 이 경우에는 목표를 상향해서 조

정하고 다시금 결과를 평가해 보는 것이 필요하다.

평가 결과를 표로 작성하거나 그래프로 그려서 변화도를 봉사대상자가 직접 볼 수 있도록 하면 봉사대상자에게 좀 더 자극이 되어 동기부여를 할 수 있다. 다만, 계속해서 하락하는 경우에는 오히려 동기를 낮추는 경우가 될 수 있으므로 봉사대상자의 성과를 잘 관찰하면서 결정한다.

인성이나 진로 등의 영역은 학습만큼 명확하게 측정하기 어려울 수 있지만, 목표 달성의 지표로 측정 가능한 요소를 설정하면 평가가 가능하다. 예를 들어, 봉사대상자가 좀 더 밝고 긍정적으로 생활하는 것을 목표로 삼고 싶다면, 하루에 적어도 세 번 이상 웃는 모습 보이기 등을 목표로 설정할 수 있다. 중간평가 결과 목표 달성이 어렵다고 판단된다면 지금과는 다른 방식으로 도움을 주는 것이 필요하다. 예를 들어, 지금까지는 표정이 안 좋아 보이거나 찌푸리고 있을 때 그런 표정은 보기 좋지 않다는 의견을 주는 방식으로 개입을 하였다면, 이제는 표정이 좋아 보일 때마다 칭찬해 주고 긍정적인 피드백을 주는 방식으로 변화를 줄 수 있다.

실제로 다음의 〈활동 5-2〉를 통해 설정한 목표를 평가해 보고 보다 적절한 목표가 될 수 있도록 수정하는 연습을 해 보자. 학생들과 합의된 목표일 경우 함께 평가를 해 보고 목표를 재설정하는 활동을 하는 것도 좋다.

목표는 앞서 기술한 대로 활동의 방향을 설정해 주고 지향점이 되므로 목표가 적절하게 설정되지 않으면 잘못된 길로 가거나 성과가 떨어질 수 있다. 그러므로 활동의 중간 중간 적절한 평가를 통해 목표를 수정하여 제대로 된 지향점을 찾는 것이 매우 중요하다.

이와 같이 중간평가와 목표 수정의 과정이 이루어질 때 효과적인 운영을 할 수 있다. 진행단계는 활동기간의 대부분을 차지하는 중요한 과정으로 이러한 평가와 수정 단계 없이는 방향성이 없는 활동이 되기 쉬우므로 지속적으로 평가와 수정의 과정을 거치는 것이 중요하다. 목표가 처음부터 잘 설정이 되었다면 가장 이상적이지만 그렇지 않은 경우가 많기 때문에 세부적인

활동 5-2 목표 수정

활동목표	초기에 세웠던 목표가 적절한 목표인지 학생들과 함께 평가해 보고 달성 가능한 목표를 다시 설정해 본다.
활동내용	① 목표설정단계에서 설정했던 목표와 현재의 성과도를 평가한다. ② 성과도를 평가하기 위해 교육봉사자와 봉사대상자가 함께 그래프를 그려 본다. ③ 적어도 3~4번의 결과를 가지고 목표 수준과 비교해 본다. ④ 목표 달성 여부를 평가하여 목표가 적절했는지 검토해 보고 적절하지 않다면 달성 가능한 목표가 어느 수준인지 봉사대상자와 다시 상의하여 설정한다.
유의사항	목표에 비해 성과가 지나치게 낮은 경우 봉사대상자가 의기소침해지지 않도록 지지하고 격려하는 태도를 보인다.

평가를 통해 목표를 수정하고 보다 효과적으로 운영할 수 있도록 평가내용을 반영하는 것이 바람직하다. 그 밖에 활동 진행 시 생겨나는 어려움은 7장 실전 FAQ에 제시된 내용을 참고하고, 담당자나 슈퍼바이저와 의논하여 활동 진행에 어려움이 없도록 노력해야 한다. 실제 활동을 구성하는 내용은 3부에 영역별로 기술되므로 이를 바탕으로 다양한 활동을 운영하도록 한다. 이렇게 활동을 운영하다 보면 어느덧 활동을 마무리 지어야 하는 시기가 올 것이다.

제6장
종결단계

지금까지 교육봉사의 준비단계, 시작단계, 진행단계를 마치고 이제 종결단계에 이르렀다. 종결단계는 교육봉사를 시작하였을 때 약속했던 시간에 도달함으로써 이루어진다. 이 단계에 이르면 처음 계획했던 목표를 얼마나 달성했는지, 잘한 점과 아쉬운 점은 무엇인지 평가해 보고, 활동 종결 이후를 계획하는 것이 필요하다.

1. 종결의 중요성

모든 활동에서 그러하듯이 종결단계는 활동의 전 과정을 마무리하는 단계다. 종결단계에 도달하면 교육봉사 초기에 세웠던 목표를 이미 달성했거나 달성할 수 있는 방법에 대해 알고 자신감을 갖게 될 것이다. 그러나 동시에 지금까지 맺어 온 교육봉사자와의 유대나 함께 참여한 친구들과의 시간을 더 이상 갖지 못하는 것에 대한 아쉬움을 가질 수 있다. 그러므로 종결단계에

서는 지금까지 진행되어 온 활동과정을 되돌아보는 한편, 앞으로 자신의 생
활에서 교육봉사에서 배운 내용을 어떻게 적용할 것인지 토의하면서 전체
과정을 마무리할 필요가 있다.

종결단계가 올바르게 이해되고 잘 마무리되면 교육봉사활동이 종결한 이
후 학생들의 변화를 촉진하는 중요한 힘이 될 수 있다. 학생들에게는 지금까
지의 활동을 통해 배운 것을 자신의 삶에 적용할 수 있는 기회가 증가된다.
또한 활동을 통해 맺어진 대인관계에서 만남과 헤어짐에 대한 긍정적인 경
험을 가질 수 있다.

2. 종결을 준비하기

1) 정상 종결

활동의 종결단계가 다가오면 교육봉사자는 몇 번의 활동이 남아 있는지
학생들에게 상기시키는 것이 좋다. 활동과정에서 학생들은 개인에 따라 서
로 다른 시간을 경험했기 때문에 각자 나름의 시간을 갖고 종결에 대한 준비
를 할 수 있도록 기회를 주어야 한다.

초기에 세웠던 목표를 이미 달성한 학생들에 대해서는 이루어 낸 목표에
대해 칭찬함과 더불어, 어떻게 목표를 달성할 수 있었는지 스스로 돌아봄으
로써 활동이 끝난 이후에도 계속해서 스스로 지속해 나갈 수 있도록 하는 것
이 중요하다. 또한 목표를 달성하지 못한 학생에 대해서는 목표를 달성하지
못한 것에 대한 아쉬움을 충분히 표현할 수 있도록 하고, 그럼에도 지금까지
잘해 온 것은 무엇인지, 앞으로 무엇을 어떻게 보완하면 좋을지에 대해 함께
나눔으로써 미래에 대해 준비하고 목표를 위해 스스로 정진할 수 있도록 기
운을 북돋아 주는 것이 필요하다.

또한 교육봉사자가 학생들과의 헤어짐이 아쉬워 지키지 못할 약속을 하거나 기대를 갖게 하는 경우가 생길 수 있는데 이 점에 유의할 필요가 있다. 예를 들어, 학교나 집으로 초대하겠다는 약속을 해 놓고 지키지 못한다면 기대가 컸던 학생들은 이에 대해서 상처를 받게 될 수 있다. 사소한 약속조차도 학생들에게는 큰 의미가 될 수 있으므로 약속에 대한 중요성을 상기하고 지키지 못할 약속은 피하는 것이 좋다.

2) 조기 종결

교육봉사를 마무리하게 될 때는 일반적으로 계획된 기간일 경우가 많지만, 때에 따라서는 여러 가지 사정에 따라 계획보다 일찍 종결을 해야 하는 경우도 있다. 교육봉사자나 봉사대상자의 개인 사정에 의해 계획했던 전체 기간을 채우지 못하고 그만두게 될 경우가 그러하다.

교육봉사자가 개인 사정에 의해서 약속했던 교육봉사를 이어 가지 못하게 될 경우, 담당자에게 신속하고 분명하게 자초지종을 설명하여 다른 교육봉사자가 나머지 시간을 보충하는 데 어려움이 없도록 할 필요가 있다. 또한 학생들에게 끝까지 함께하지 못하게 된 것에 대해 양해를 구하고, 지금까지 같이한 시간들에 대해 함께 돌아보는 시간을 가지는 것이 좋다.

봉사대상자가 교육봉사에 참여하지 않게 될 경우에는 학생의 의사를 최대한 존중하는 범위 내에서 왜 참여할 수 없게 되었는지 확인할 필요가 있다. 피치 못할 사정이 생겼을 수도 있지만, 교육봉사가 기대와 맞지 않거나 불편한 점이 있을 수도 있기 때문이다. 그런 경우라면 함께 조율해서 끝까지 잘 마무리할 수 있는 방법은 없는지 상의해 나가야 한다. 그럼에도 불구하고 끝까지 함께할 수 없게 될 경우 함께 참여했던 다른 친구들에게도 나오지 못하는 이유를 설명하여 활동에 참여하고 마치는 일이 개인적인 일이 아니라 다른 사람들에게도 중요한 과정임을 느낄 수 있도록 한다.

3. 종결을 위한 활동

1) 최종평가

최종평가는 종결을 위한 대표적인 활동으로 학생들에게는 지금까지의 활동을 통해 배운 점을 되새기고 활동 종결 이후의 계획을 세워 보는 시간이 되며, 교육봉사자에게는 자신의 교육봉사 진행에서 잘된 점과 보완할 점을 점검하여 자신의 성과를 확인하고 이후 다른 활동에서 더 나은 진행을 기약할 수 있도록 한다. 중간평가가 과정에 대한 점검과 이후 과정의 개선을 위한 목적이 더 크다면, 최종평가는 종합적인 평가로서 과정에 대한 평가뿐만 아니라 성과에 대한 평가까지 총체적으로 이루어져야 한다.

우선, 5장 중간평가에서 설명했던 평가의 목적과 내용을 고려하여 평가 항목표(〈연습 5-1〉 참조)에 따라 이후 활동과정에서 각 항목이 어느 정도 향상되었는지 전반적인 평가를 다시 해 보도록 한다. 그리고 교육봉사자로서 교육봉사활동을 통해 개인적으로 성장했다고 생각하는 점과 아쉬웠던 점을 돌아봄으로써 스스로에게 어떤 배움이 되었는지 정리하는 것이 좋다. 초기에 자신이 세웠던 목표에 비추어 무엇이 달성되고, 이후에 어떤 부분을 보완할 수 있다면 더 나은 교육봉사자가 될 수 있을지 생각해 보자.

자신의 교육봉사활동을 평가했던 것처럼, 봉사대상자들도 각자 자신이 세웠던 목표와 비교해서 어떤 성과가 있었는지 구체적으로 평가해 볼 수 있도록 하고, 목표를 달성할 수 있었던 요소를 생각해 보고 함께 나누는 시간을 가지도록 한다.

연습 6-1

교육봉사활동 돌아보기

다음 질문에 대해 생각해 보고 답을 작성해 봅시다.

1. 교육봉사활동을 통해 이루고자 했던 목표는 무엇이었는가?

2. 각 목표에 대해 어느 정도 달성되었다고 생각하는가?

3. 목표가 달성되었다면 나의 어떤 노력이 목표를 달성하는 데 도움이 되었다고 생각하는가? 달성되지 못한 부분이 있다면 어떤 부분이 미흡했다고 생각하는가?

4. 교육봉사활동 전체를 통해 배운 점은 무엇인가?

활동 6-1　최종평가

활동목표	활동 초기에 세웠던 목표에 따라 목표 달성 정도를 확인하고, 그 밖에 배우고 느낀 점들을 나누며 이후 계획에 대해 생각해 볼 수 있다.
활동내용	① 한 사람씩 돌아가면서 지금까지 배운 것이 무엇인지, 가장 좋았던 점과 아쉬웠던 점을 이야기한다. ② 교육봉사자는 학생이 미처 생각하지 못한 것에 대해 피드백해 준다. ③ 앞으로 남은 활동시간 동안 할 수 있는 계획과 활동 종료 이후의 계획에 대해 이야기한다. ④ 모든 학생이 이야기하고 나면, 교육봉사자도 지금까지 활동을 통해 배우고 느낀 점을 나눈다.
유의사항	설정한 목표에 비추어 구체적으로 이야기하여 추상적이고 형식적인 평가가 되지 않도록 한다.

2) 피드백 나누기

종결단계에서는 평가와 함께 지금까지의 활동시간을 통해 쌓아 온 관계 안에서 서로가 생각하고 느꼈던 바를 전함으로써 함께했던 소중한 시간을 음미하고 좋은 추억으로 남길 수 있도록 하는 것이 필요하다.

활동 6-2　피드백 선물하기

활동목표	서로에 대해 지금까지 나누지 못했던 칭찬과 격려를 주고받음으로써 자신에 대해서 자신감을 갖고 활동에 대해서도 긍정적인 마음을 갖도록 한다.
활동내용	① 한 사람씩 돌아가면서 다른 사람들로부터 각각 두 가지 이상의 칭찬을 듣도록 한다. ② 칭찬을 받은 사람이 칭찬을 받은 소감과 기억에 남는 칭찬 그리고 그 이유를 이야기하도록 한다. ③ 다시 한 사람씩 돌아가면서 다른 사람들로부터 꼭 필요한 조언 혹은 격려의 말 한 가지씩을 듣도록 한다. ④ 피드백을 들은 사람은 어떤 피드백이 가장 기억에 남는지, 그 이유는 무엇인지 이야기한다.
유의사항	① 피드백은 상대방에게 꼭 필요한 소중한 선물을 전하는 마음으로 전달하도록 한다. ② 색종이나 엽서 등에 기록하여 전달할 수도 있다.

3) 수료증 및 상장 수여

활동을 마무리하는 의미에서 지금까지 함께 잘해 온 것에 대해 축하하면서 수료증 및 상장을 수여하는 것도 좋은 마무리 활동의 하나다. 상장의 내용은 지금까지 학생들과 함께하면서 눈에 띄었던 그 학생만의 특별한 장점을 떠올려서 적는 것이 좋다. 다음의 수료증 및 상장 예시를 참고하여 자신만의 창의적인 수료식을 계획해 보자.

☞ **수료증 예시**

수 료 증

성명 : ○ ○ ○

기간 : ○○○○년 ○○월 ○○일 ~ ○○○○년 ○○월 ○○일

위 학생은 약속한 기간 동안 활동에 성실히 참여하였으므로
이 수료증서를 수여함

○○○○년 ○○월 ○○일

○ ○ ○

☞ **상장 예시**

상   장

호기심 왕 ○ ○ ○

위 학생은 활동기간 동안 끊임없는 지적 호기심을 가지고 창의적인 질문과 답변으로
활동을 빛내 주었으므로 이 상장을 수여함

○○○○년 ○○월 ○○일

○ ○ ○

---

4) 결산 및 기타 행정 서류 제출

학생들과의 활동시간을 마치고 나면, 이후 제출해야 할 서류나 확인해야 할 사항에 대해 소홀해지기 쉽다. 봉사대상자들에게는 마지막 활동시간에 참여하는 것이 활동의 끝이지만, 교육봉사자에게는 아직 처리해야 할 행정 업무가 남아 있다. 기관 담당자 및 학교에 제출해야 할 영수증이나 활동보고서, 평가서와 같은 것을 꼼꼼하게 확인하고 작성하여 정해진 기한에 맞추어 빠짐없이 제출해야 한다. 마지막까지 책임감을 가지고 세세한 것까지 놓치지 않고 잘 마무리함으로써 유종의 미를 거두도록 한다.

제7장
실전 FAQ

    교육봉사활동을 하다 보면, 다양한 상황이 발생하게 된다. 준비되지 않은 상태에서 어려운 상황에 처하게 되면 당황하기 쉬우므로 미리 발생 가능한 경우를 생각해 보고 이에 대한 준비를 하는 것이 필요하다. 모든 상황을 제시할 수는 없으므로 여기서는 주로 교육봉사자들이 호소하는 몇 가지 상황을 중심으로 대처방안을 살펴볼 것이다. 이 장은 실제적인 상황을 제시하는 특성상 교육봉사자들이 활동과정에서 만날 수 있는 어려움을 질문과 답변의 형식으로 제시하였다. 호소문제에 대해 답변을 할 때 어려운 상황에 대한 이해를 돕고자 호소문제, 문제 상황에 대한 설명, 추천 대처방안의 형식으로 이 장의 내용을 구성하였다.

§§§ 학생들의 기초학력 수준 차이가 너무 심해요.

    보통 교육봉사활동을 하게 되면 여러 명의 학생을 대상으로 진행하게 되지요. 그러다 보니 학생들의 실력

차이는 중요한 고민거리가 됩니다. 어떤 학생들은 상위 그룹에 속해 평균보다 훨씬 높은 실력을 보이고, 어떤 학생들은 심지어 중학생인데도 기초 영어단어를 읽지 못할 정도로 기초가 부족한 학생들도 있을 수 있습니다. 수업의 수준을 어느 한쪽에 맞추면 다른 쪽이 도움을 받을 수 없으니 참으로 난감한 상황이죠. 이러한 경우, 과목에 따라 혹은 학생에 따라 시간을 다르게 분배하여 지도하는 방법이 있습니다. 자세한 내용은 다음의 지침과 같습니다.

 대처 Tip

① 과목 및 활동에 따라 시간을 분배한다.
- 시간을 잘 분배하여 학생들 모두가 함께해도 좋은 활동과 개별지도가 필요한 활동으로 구분한다.
- 영어나 수학과 같이 기초가 부족할 경우 정규교과과정을 따라가기 힘든 과목들은 학생의 개별 수준에 따라 학습목표를 달리하고 개별지도를 실시한다.

② 학업 수준이 높은 학생이 낮은 학생을 지도하도록 한다.
- 다만, 이 방법은 성적에 민감하거나 자존심을 중요하게 생각할 경우 역효과가 날 수 있으므로 위화감이 조성되지 않는 편안한 분위기일 때 사용 가능하다.

③ 학생별로 집중지도 시간을 마련한다.
- 상대적으로 학업 수준이 높은 학생이 더 적은 시간 동안 지도를 받게 되는 경우가 많으므로 이 학생들만을 위한 시간을 20~30분 정도는 확보해야 한다.

④ 일관된 태도로 학생들을 대한다.
- 학생들이 성적으로 차별받는다고 느끼지 않도록 일관된 태도로 대한다.
- 성실한 태도를 지속적으로 보여 봉사대상자들이 본받을 수 있도록 한다.

§§§ 봉사대상자가 삐딱하게 굴어서 힘들어요. 저를 싫어하는 것 같기도 하고 거리를 두는 것 같아요.

대부분의 교육봉사자와 봉사대상자는 좋은 관계를 맺고 즐거운 시간을 보내게 되지만 때때로 봉사대상자가 교육봉사자의 말을 무시하거나 시큰둥하게 답하고 거리감을 두는 것처럼 느껴질 때가 있어요. 이런 경우는 정말로 교육봉사자를 미워하거나 싫어해서라기보다는 그동안 따뜻한 관심을 받지 못했거나, 어차피 어른들은 우리를 이해하지 못한다는 불신, 그리고 잘 지내고 싶어도 자신의 마음을 어떻게 표현해야 할지 몰라서 그런 경우가 많답니다. 한마디로 관계 맺기를 어떻게 해야 할지 모르는 것이죠. 이럴 때 학생에게 똑같이 냉담하게 대하거나, 화를 내고 혹은 무조건 기분을 맞추면서 대하려고 하면 오히려 역효과가 날 수 있어요. 관계 맺기가 어려운 학생들은 좀 더 긴 시간이 필요할 수 있지요. 이럴 때는 학생들에게 따뜻한 관심을 가지고 기다려 주면서 서서히 다가가 보세요. 구체적으로 다음 지침을 참고하면서 대처해 보세요.

 대처 Tip

① 학생에 대한 따뜻한 관심을 유지하면서 마음의 문을 열 때까지 기다린다.
• 학생이 무엇을 좋아하는지, 어떤 일에 관심을 가지는지 지켜보면서 대화할 수 있는 화제를 찾도록 한다.
• 유달리 혼자서 불량스럽게 굴거나 시큰둥한 학생은 개별면담을 통해 진솔하게 대화하는 시간을 가지면 친밀감을 쌓는 계기를 만들 수 있다.

② 학생의 외모(장신구, 운동화, 머리 모양 등)에 대해 관심을 표현하면서 대화를 시작한다.

• "그 머리핀 이쁘다. 센스 있구나." "요즘에는 그런 바지가 유행인가 봐?"와 같이 외모에 대한 칭찬과 화제로 대화를 시작한다. 청소년들이 좋아하는 주제이므로 부담 없이 대화할 수 있다.

• 연예인 이야기, 게임, 영화 등 학생들이 좋아하는 이슈에 대해서 미리 알아두면 관계형성에 도움이 된다.

③ 자신의 경험을 개방한다.

• 학생들에게 예전에는 어땠다고 하는 훈계를 위한 공유가 아니라 진솔한 경험을 나눌 때 학생들과 공감대를 쌓을 수 있다.

④ 학생이 무례하게 굴 때는 단호하게 일관성 있는 태도를 취한다.

• 친해지기 위해 아무 제한 없이 요구를 들어주거나 받아 주면 학생들은 교육봉사자를 자신들이 쉽게 휘두를 수 있는 사람으로 생각하므로 일관성 있게 되는 것과 안 되는 것을 구분하여 지도하는 것이 중요하다.

§§§ 봉사대상자가 계속 약속을 어겨요.[1]

교육봉사활동을 진행하려면 많은 약속이 필요합니다. 모임 시간을 비롯해서 휴대폰 사용이나 숙제, 욕하지 않겠다는 약속 등 많은 약속이 있지요. 하지만 모든 학생이 이 약속을 잘 지키는 것은 아니에요. 어떤 경우에는 여러 번에 걸쳐서 약속을 지키지 않고 교육봉사자를 피하는 경우도 있어요. 이럴 때 교육봉사

---

1) 출처: 서울대학교 사범대학, 서울대학교 학생처(2008). SNU Active Mentoring Program 멘토링 지침서.

자는 '나를 무시하나?' 하는 생각도 들고, '봉사활동에 오기 싫은가?' 하는 생각도 들어서 자신감이 없어지고 위축될 수 있습니다. 하지만 학생들이 약속을 지키지 않는다고 해서 이것에 실망하거나 관계에 대한 거부로 생각하기 보다는 약속을 지키지 않는 이유에 대해 먼저 이해하고 접근하는 것이 필요하답니다.

첫째, 학생들은 약속에 대한 책임감을 배울 수 있는 경험이 부족합니다. 약속을 지키지 않으면 야단을 맞고 몸으로 때운 경험이 있을 뿐 약속을 지키지 않으면 교육봉사자가 상심할 것이라는 점에 대해서 잘 인식하지 못하는 것이죠.

둘째, 학생들은 또래와의 관계를 더 중시하기 때문에 교육봉사자와의 약속은 우선순위에서 밀리게 됩니다.

셋째, 약속 자체를 잊어버리는 경우도 있어요. 약속할 때는 진지하게 해 놓고 언제 그랬냐는 듯이 약속을 어기고 왜 그랬냐고 물으면 잊어버렸다고 답하는 것이죠.

이런 특성을 이해하고 학생들을 대한다면, 화를 내거나 감정적으로 대하기 전에 차분하게 학생들을 대할 수 있을 거예요. 약속에 대한 지침을 보면 다음과 같습니다.

 대처 Tip

① 학생의 수준에서 지킬 수 있는 약속을 정한다.
- 일방적인 지시나 요구가 아닌 학생 스스로 지킬 수 있는 것으로 약속을 하고, 불가피한 사정이 생기면 사전에 조정하도록 한다.

② 약속을 어긴 이유를 먼저 알아보고 잘 지킬 수 있는 방법을 합의한다.
- 약속을 어겼을 때는 그냥 넘어가거나 혹은 학생을 질책하거나 화를 내는 것보다 학생이 왜 약속을 어길 수밖에 없었는지 이유를 묻는다.
- 약속을 지키지 않을 경우 상대방의 마음에 상처를 줄 수 있으니, 어려운 상황이

생기 면 반드시 사전에 약속을 조정하도록 지도한다.
- 약속한 날 전에 확인전화를 해서 약속을 일깨우고 확인시키는 방법도 있으나 반복되 면 학생들의 수동성을 키울 수 있으므로 적절히 활용하도록 한다.

③ 약속을 지켰을 때는 충분히 칭찬을 해 준다.

④ 교육봉사자가 먼저 약속을 잘 지킨다.
- 학생들과 한 약속이 아무리 사소하더라도 그냥 지나치지 않고 잘 지키는 모습을 보일 때 학생들은 약속의 소중함을 배우게 된다.

§§§ 학생이 돈을 빌려 달라고 하면 어떻게 해야 하나요?[2]

교육봉사활동을 하다 보면 간혹 아이들이 돈을 빌려 달라고 하는 경우가 있어요. 교통비가 없다든지, 사고 싶은 것이 있는데 용돈을 아직 못 받았으니 나중에 갚겠다든지, 간식을 사 먹고 싶다든지 하는 이유로 금전적인 도움을 요청합니다. 어떤 경우에는 돈은 아니지만 비싼 간식을 사 달라거나 패밀리 레스토랑에 데리고 가 달라고 하는 등 무언가 사 주기를 요구하기도 하고요. 이럴 때 교육봉사자는 참 난처해집니다. '그냥 얼마 안 되는 금액이니까 빌려 줄까?' '아니야, 이러다가 버릇 들어서 자꾸 달라고 하는 거 아닐까?' 이런 생각이 복잡하게 오가게 되지요. 이럴 때는 학생들이 어떤 이유로 돈을 빌려 달라고 하는 것인지, 진정성의 여부에 따라 대처방법이 달라집니다. 정말 형편이 어려운 경우에는 도움을 줄 수도 있지만 단순히 유흥비나 오락을 위해서라면 단호하게 거절하세요. 그것이 오히려 학생들에게 도움

---

2) 출처: 서울대학교 사범대학, 서울대학교 학생처(2008). SNU Active Mentoring Program 멘토링 지침서.

이 되는 대처입니다. 교육봉사자가 취해야 할 지침을 보면 다음과 같습니다.

대처 Tip

① 돈이 필요한 이유를 확인해 본다.
- 학생이 정말 필요해서 도움을 요청하는 것인지 확인한다.
- 정말로 버스비가 없다거나 급하게 사용해야 하는데 도움을 요청할 곳이 없어서 그런 것인지, 돈의 사용처를 확인하고 언제 갚을 것인지 등에 대해 약속을 받는다.
- 이런 대처를 통해 돈을 빌려 달라는 요청을 장난스럽게 하지 않고 돈의 사용에 대한 신용을 배울 수 있다.

② 계속해서 돈을 빌려 달라고 하고 갚지 않을 경우에는 단호하게 거절한다.
- 이전에 빌려 주었을 때도 갚지 않았던 것을 언급하며 이러한 행동이 상대방에게 믿음을 잃게 하는 행동임을 알려 주면서 빌려 줄 수 없다는 점을 분명히 한다.

③ 간식이나 먹을 것은 부담이 가지 않는 범위 내에서 사 줄 수 있다.
- 간식을 먹으면서 서로의 생활에 대해서 이야기를 나누다 보면 분위기도 부드러워지고 학생들과 좀 더 친근한 관계를 맺을 수 있다.
- 다만, 너무 비싼 것을 사 달라고 하거나 너무 자주 요구하는 경우에는 교육봉사자도 대학생이라 경제적으로 여유가 많지 않음을 솔직하게 설명하고 무리한 요구는 들어줄 수 없다고 알려 준다.

§§§ 봉사대상자 학생이 집을 나왔어요. 어떻게 하면 좋을까요?
(빈곤, 학대, 가정해체로 인해 장·단기 보호가 필요하거나 가출한 학생일 경우)

이런 경우는 흔하지 않지만, 간혹 학생들이 집에서 지낼 수 없다고 교육봉사자에게 상의를 해 오는 경우가 있습니다. 예를 들어, 가정의 경제상황이 너무 어려워져서 더 이상 집에서 생활할 수 없는 경우 혹은 가정에서 학대를 받

아 부모와 떨어져서 생활해야 하는 경우가 여기에 속하지요. 그 외에도 부모님이 이혼을 해서 양육자가 없거나 학생이 가출을 해서 오갈 곳이 없는 경우도 있을 수 있어요. 이러한 상황에 맞닥뜨리게 되면 교육봉사자는 어떻게 해야 할지 많이 당황스러울 거예요. 이때 교육봉사자가 모든 것을 해결하려고 하지 말고 전문기관의 도움을 받아서 전문가와 함께 상황에 대처해 나가면 차분하게 어려움을 이겨 나갈 수 있습니다.

 대처 Tip

① 학생이 가출을 해서 연락이 되지 않거나 집에 들어가지 못하는 경우에는 먼저 담당 선생님에게 알리고 연락이 닿는 친구들이 있는지 알아본다.
• 봉사대상자가 휴대폰이 있는 경우, 교육봉사자가 학생을 지금 기다리고 있으며 어떤 어려움이 있는지 함께 이야기를 나누고 싶다는 의사를 전달한다.

② 학생으로부터 연락이 오면 먼저 안부를 묻고 이후 가출 원인 및 현재 상황 등에 대해 대화를 나눈다.
• '왜 가출을 했느냐'고 처음부터 묻지 말고 '지금 건강은 어떠한가?' '잠은 어떻게 자고 있는가?' '혹시 아프지는 않은가?' 등 안부를 먼저 물어본 뒤에 집을 나가게 된 이유와 앞으로 어떻게 하고 싶은지 이야기를 들어 본다.

③ 학생의 이야기에 진심으로 공감하고 함께한다.
• 교육봉사자를 믿고 이야기를 해 준 학생에게 고마움을 표현하고 공감적인 태도로 학생의 이야기를 듣는다.
• 진심 어린 태도로 학생과 함께하고 이야기를 들어 준다면 이미 중요한 부분을 해 주고 있는 것이니 내가 다 해결해야 한다는 큰 부담은 갖지 않도록 한다.

④ 학생이 집으로 돌아가기를 희망한다면 집으로 데려다 주고, 집에 머무를 수 없는 경우에는 학생의 동의를 구한 뒤 전문기관의 도움을 얻을 수 있다.

• 학생들이 부담스러워하거나 두려워하는 경우, 전문기관이 일시보호 및 의료지원, 문제해결, 심리상담 등 다양한 부분에서 도움을 줄 수 있고 오히려 안전한 장소임을 설명한다.

• 이 과정에서 담임선생님과 연계하여 도움을 줄 수 있다.

⑤ 청소년위기상담전화(지역번호-1388)를 활용한다.

• 청소년상담지원센터는 지역의 청소년관련기관들의 허브 역할을 하기 때문에 상담전화를 통해 어떤 상황인지 이야기를 듣고 필요한 기관에 연결시켜 준다.

§§§ 봉사대상자가 비행 친구들로 인해 어려움을 겪고 있어요. 제가 감당하기에는 너무 어려운데 어떻게 대처하면 좋을까요?

(비행 친구들과 어울리거나, 비행 친구들로부터 왕따를 당하고 있는 경우)

대부분의 봉사대상자는 큰 어려움 없이 교육봉사활동에 참여하지만, 간혹 비행 상황에 놓이는 학생들이 있습니다. 교육봉사자는 이럴 때 어떤 조치를 취해야 할까요? 많이 당황스러울 수 있지만 학생들 한 명 한 명을 만나면서 봉사활동을 진행하는 교육봉사자가 오히려 학생들의 어려

움을 먼저 발견하고 도움을 줄 수 있답니다. 교육봉사자의 도움을 통해 학생들이 비행의 위험에서 벗어나는 경우도 많이 있고요. 그러니 너무 당황하지 말고 지침을 참고로 침착하게 대응하기 바랍니다. 다음 지침에서는 비행 친구들과 어울리는 경우, 집단 괴롭힘이나 왕따를 당하는 경우 등의 사례에 대해 봉사자가 취할 수 있는 개입의 순서대로 제시하고 있으니 참고하세요.

대처 Tip

① 비행 친구들과 어울리는 경우
- 일탈행동을 통해 봉사대상자가 얻는 것이 무엇인지 파악하고, 왜 그렇게 행동을 하는 지 이해한다.
- 대인관계가 원만하지 못한 학생들의 경우에는 이런 만남을 통해서 소속감과 친밀감을 느끼고 싶어 하는 경우가 있다.
- 대화를 통해 비행 친구들과 어울리는 이유를 알게 되면 다른 방법으로 원하는 바를 얻을 수는 없는지, 지금의 방식으로 잃는 것은 없는지 함께 생각하면서 변화에 대한 계기를 마련해 본다.
- 교육봉사자가 그동안 지켜보면서 발견했던 가능성과 믿음을 제시하면서 봉사대상자가 일탈행동을 그만두고 지금과는 다르게 생활하기를 바라는 진심을 전달한다.

② 학생이 집단 괴롭힘을 당하고 있는 경우
- 담당교사에게 이 사실을 알리고 학생을 보호한다. 때에 따라서는 학생이 보복이 두려워 이 사실을 숨기고자 할 수 있겠지만, 교육봉사자가 보기에 학생의 안전이 우려된다면 이를 담당교사에게 알려 학생이 더 이상 피해를 입지 않도록 도와야 한다.
- 학교폭력에 대해서는 시·도청소년상담지원센터나 청소년폭력예방재단, 학교폭력예방센터 등에 상담을 신청한다.
- 학교폭력은 학교와 상담기관 및 경찰기관까지 연계가 잘 되어 있으므로 보복이 두려워 집단 괴롭힘을 숨기거나 고통을 당하지 않도록 한다.
- 학생이 왕따를 당하고 있는 경우에는 봉사활동 시간을 통해 친구들과 어울릴 수 있도록 상호작용이 많은 활동을 준비하고 관계 맺기를 배울 수 있도록 한다.
- 이 과정에서 담임교사와 연계하여 학급 내에서도 아이들과 친해질 수 있는 계기를 마련할 수 있다.

§§§ 학생들에게 적절한 성교육을 제공하려면 어떻게 해야 하나요?

학생들과 이야기를 하다 보면 남학생이나 여학생 모두 이성에 굉장히 많은

관심을 가지고 있어요. 서로를 많이 의식하고 잘 보이려고 애쓰고, 외모에도 굉장히 신경을 많이 쓰죠. 어쩌다 성과 관련된 이야기가 나오면 얼굴을 붉히면서도 좋아하고 싫은 듯하면서도 관심을 나타냅니다. 특히 요즘에는 초등학생들도 이성친구가 있는 것이 자연스럽다고 할 만큼 이성교제를 하는 학생도 많지요. 또 워낙 인터넷이나 영화 등을 통해서 성적인 장면을 많이 접했기 때문에 성행동을 하는 학생도 의외로 많고요. 교육봉사자들도 학생들과 이야기를 나누다 보면 굉장히 많은 학생이 포옹이나 키스 등의 경험을 가지고 있고, 최근에는 성관계와 같은 경험을 한 학생들도 만나게 될 것입니다.

하지만 정작 중요한 자신을 소중히 하는 방법이나 상대를 존중하는 법, 피임법, 성관계를 하기 전에 갖추어야 할 것들에 대해서는 잘 모르는 경우가 많아요. 이러한 성교육에 대해서는 학교에서도 이루어지고 있지만 봉사대상자들이 이런 주제를 꺼낸다거나 이슈가 된 경우에는 한 회기 정도 성에 대한 이야기를 나누는 시간을 갖거나 성교육 전문기관을 방문해도 좋습니다.

 대처 Tip

① 솔직하고 자연스러운 대화시간을 갖는다.
- 성이라는 주제에 대해서 교육봉사자가 너무 불편해하거나 어려워하기보다는 오히려 터놓고 이야기함으로써 자유로운 분위기를 조성하는 것이 좋다. 그러면 오히려 장난스러운 반응이 줄어들고 진지하게 자신의 이야기를 할 수 있게 된다.

② 한 회기 정도 성교육 시간을 갖는다.
- 학생들이 관심을 보이면 한 회기 정도 성교육과 관련된 시간을 갖고 자신과 타인을 소중히 하는 법을 배우도록 한다.
- 이때 상투적이고 일반적인 설명보다는 허심탄회하게 고민을 나누도록 유도하는

것이 좋다. 그리고 가능하다면 교육봉사자가 직접 설명을 하기보다는 영상물이나 EBS 다큐프라임 등의 매체를 활용한다.

③ 성교육전문기관을 방문한다.
• 아하! 성문화센터와 같은 성교육전문기관 방문은 성에 대해서 재미있게 교육을 받을 수 있고 바깥활동도 할 수 있어 일석이조의 효과가 있다.

§§§ 심리적으로 어려움을 겪고 있는 학생에게 전문 상담서비스를 받게 해 주려면 어떻게 해야 하나요?

교육봉사의 대상자들이 고민이 많은 청소년들이다 보니, 봉사활동이 진행되면서 친밀감을 느끼게 되면 다양한 고민을 털어놓곤 합니다. 이런 시기에 청소년들의 곁에서 고민을 들어 주고 함께 이야기를 나눌 수 있는 교육봉사자가 있다는 것만으로도 학생들은 큰 힘을 얻을 거예요. 그런데 간혹 학생들의 어려움이 생각보다 큰 경우들이 있어요. 예를 들어, 우울함이 너무 깊어 일상적인 생활을 하는 것이 쉽지 않거나, 불안이 너무 커서 공부를 거의 할 수 없는 경우, 왕따를 지나치게 심하게 당해서 사람들을 전혀 만나려고 하지 않는 경우들이 있겠죠. 이런 경우는 교육봉사자를 만나는 일 이외에 장기간 전문적인 상담을 받는 것이 도움이 됩니다.

대처 Tip

① 학생의 어려움을 잘 들어 주고 공감해 준다.

• 힘이 들 때 내 이야기를 들어 줄 수 있는 사람이 있다는 것만으로도 학생들은 마음에 위안을 얻는다. 대화를 통해서 학생이 가장 힘든 이유가 무엇인지, 현재 겪고 있는 어려움의 정도가 어느 정도인지 파악하고 일상생활이 어려울 정도로 힘들어한다면 전문기관으로 연결해 준다.

② 청소년동반자 프로그램(YC)[3]과 각종 상담 프로그램을 운영하는 한국청소년상담원이나 시·도청소년상담지원센터, 시·군·구청소년지원센터, 등 청소년들이 전문적인 상담을 받을 수 있는 기관을 안내한다.

• 학생들에게 상담을 신청하도록 격려할 수 있지만 학생들이 어려워할 경우 교육봉사자가 직접 상담을 신청할 수도 있다.

• 방문하기 어려운 경우에는 각 기관마다 사이버상담실을 운영하고 있으므로 온라인 상담을 활용할 수도 있다.

③ 상담과정을 모니터링한다.

• 전문상담기관을 통해 상담을 받더라도 교육봉사활동을 함께 지속하고, 어떤 도움을 받고 있는지 모니터링한다. 경우에 따라서는 교육봉사자와 전문상담자가 연계하여 학생에게 도움을 줄 수도 있다.

§§§ 학생들과 함께할 수 있는 교육봉사활동을 찾아보려면 어떻게 하면 되나요?

교육봉사활동은 '나눔'이라는 마음에서 시작되었습니다. 교육봉사자 여러

---

3) 청소년동반자 프로그램(YC)은 시·도청소년상담지원센터 및 시·군·구청소년지원센터의 찾아가는 상담으로 직접 상담실에 찾아오기 어려운 청소년을 위해 학교나 가정 등으로 방문하여 상담 및 심리적인 지원을 제공하는 프로그램으로 청소년들이 실질적인 도움을 받을 수 있는 유용한 상담서비스다.

분 역시 나의 작은 봉사가 다른 사람에게 도움이 되고, 기쁨을 줄 수 있다면 나 역시도 기쁘다는 마음으로 이 활동을 시작했을 거예요. 내가 가지고 있는 작은 능력을 나누어 주고, 아이들이 겪고 있는 어려움을 나누며, 그로 인해 생겨나는 기쁨을 함께 나누는 것. 그것이 바로 교육봉사활동을 통해서 얻는 것이 아닐까 싶네요. 학생들은 교육봉사활동을 통해서 도움을 받는 위치에 있지만 학생들 역시도 다른 사람에게 도움을 주는 역할을 할 수 있습니다. 봉사자의 나눔 행동이 아이들에게로 이어지고, 아이들이 다른 사람에게 이 '나눔'을 전달하는 과정이야말로 진정한 교육이 아닐까요?

청소년들이 참여할 수 있는 자원봉사에 대한 정보는 청소년자원봉사센터를 통해서 얻을 수 있습니다. 학생들이 이러한 활동에 관심을 보일 때 많이 격려하고 지지해 주면 좋겠습니다.

 대처 Tip

① 나눔의 과정이 소중함을 학생들에게 알리고 이 활동을 지지하고 격려해 준다.
- 학생들은 나눔의 과정을 통해 자신의 가치와 존재감을 경험하고, 사회가 더불어 살아가는 곳이라는 점을 배우게 된다.

② 청소년자원봉사센터(http://www.sy0404.or.kr)를 안내한다.
- 자원봉사센터 등을 통해 자원봉사 정보를 함께 찾아보고 학생들이 자신들에게 적절한 자원봉사활동에 참여할 수 있도록 안내한다.
- 한 회기 정도 다 함께 참여하는 봉사활동 회기 등을 가져서 학생들이 봉사활동의 보람을 경험할 수 있도록 하는 것도 좋다.
- 의무나 강제성을 띄기보다는 학생들이 자율적으로 참석할 수 있도록 안내한다.

제 3 부
교육봉사의 내용

교육봉사활동에서 무엇을 할 수 있는가? 우리는 아동 · 청소년의 전
인적 발달을 염두에 두고 교육봉사를 하는데, 그들에게 필요한 지도
내용은 매우 다양하다. 우선, 가장 기본적인 것은 무엇보다도 학업
지도이고, 그 외에도 그들의 성장과 발달을 위한 인성 및 대인관계
지도, 미래를 꿈꾸고 설계하는 진로지도, 최근 많이 문제되고 있는
인터넷 과다사용 문제에 대한 지도, 전반적인 생활지도, 또한 다양
한 학습경험을 가질 수 있는 문화활동 등을 지도할 수 있을 것이다.
3부에서는 이러한 교육 서비스를 제공할 수 있는 다양한 교육봉사
활동 내용에 대해 알아볼 것이다.

제8장
학업지도

공부가 인생의 전부는 아니다.
그러나 인생의 한 부분인 공부도 못한다면 무엇을 할 수 있는가?

- 하버드 학생들의 좌우명 중에서

 아동·청소년 시기에 우리는 학업을 인생의 필수과업으로 접하게 된다. 그만큼 학업은 한 사람의 발달단계에서 매우 중요한 부분을 차지하고 있는 것이다. 초·중·고등학생을 대상으로 진행하는 교육봉사에서도 우선적으로 꼽는 것이 학업지도다. 어떤 형태의 교육기관에서 공부하든 학습영역은 무시할 수 없는 중요한 부분이기 때문이다. 이는 학생의 주요 발달과업이며, 학업수행을 통해 학교적응과 개인의 내적 성장을 이루게 된다. 학업을 수행하면서 상급학교로 진학을 하고, 최종적으로 사회에 진출하기 위한 준비를 하게 되는데, 이는 현재 수준의 학교적응을 넘어 성인기의 생활에까지 커다란 영향을 미치게 된다. 학생들은 학업이라는 학교생활의 주요 과업을 통해 지능, 사고력 등과 같은 인지발달을 이루고, 학업을 수행하는 과정과 학교생활 전반에서의 정서적 경험을 통해 정서 · 성격의 발달을 이루게 된다. 하지만 학생들은 공부를 못해도 잘살 수 있다는 생각으로 학업문제를 간과하거나 학업에 대한 정신적 부담감과 압박감을 느끼면서 학업과 관련된 다양한 문제를 겪는 경우가 있다. 학생들이 학업에서 경험하는 문제들에 대해 이해하고 교육봉사에서 학생들이 느끼는 학업상의 어려움을 정확히 파악하여, 학업에 대한 긍정적인 생각과 학습방법을 제공해 줄 필요가 있다.

1. 학업문제의 이해

학생들의 학업문제는 다양한 형태로 나타나고, 다양한 원인에서 출발한다. 학업문제는 학업성적이 높을 때나 낮을 때 모두 발생할 수 있으며 때로는 다른 영역의 문제로 확산될 수도 있다. 원인은 내적, 외적으로 다양하고 경우에 따라 복합적인 원인에서 발생한다. 다양한 학업문제를 이해하고 개입방법을 모색하는 것이 학업지도의 중요한 부분이다. 학업지도를 잘하기 위해 학업문제에는 어떤 문제들이 존재하고, 학업문제의 특성이 무엇인지 알 필요가 있다. 여기에서는 학업문제를 이해하는 방법과 학업문제의 특성을 살펴볼 것이다.

1) 학업문제의 분류

학업문제를 이해하기 위해 학업문제에 대한 분류방법을 살펴볼 필요가 있다. 다양한 이해방법이 있지만 여기에서는 홍경자, 김창대, 박경애, 장미경(2002)의 분류방법으로 학업문제를 이해하고자 한다. 이 분류방법에 의하면 학습과 관련된 청소년의 문제를 인지적 문제, 정의적 문제, 관계의 문제로 구분할 수 있는데, 인지적 문제는 지적 능력 부족의 문제와 학습전략의 문제

로, 정의적 문제는 학습동기의 문제, 공부태도의 문제, 학습 관련 스트레스
와 시험불안으로, 관계의 문제는 관계 관련 문제로 세분화된다. 〈표 8-1〉에
서 볼 수 있듯이 학생들의 학업문제는 인지, 정서, 관계적 측면에서 모두 나
타날 수 있으며, 결과적으로 학업성취의 문제로 나타나게 된다. 전반적으로
학업문제의 원인은 매우 다양하고 광범위한 영역에서 나타날 수 있다.

이러한 학업문제가 제때 해결되지 않으면 누적된 문제로 학습부진이 나타
나게 되는데, 학습부진의 요인도 앞에서 본 문제 분류기준과 크게 다르지 않

〈표 8-1〉 학업문제의 분류[1]

대분류	중분류	소분류
인지적 문제	지적 능력 부족의 문제	능력 부족
	학습전략의 문제[2]	집중력 부족 공부방법 문제 노력은 했는데 성적이 안 오름
정의적 문제	학습동기의 문제	공부 자체에 대한 회의와 의문 공부에 대한 반감* 공부에 대한 동기 부족
	공부태도의 문제	공부에 대한 반감* 공부습관 미형성
	학습 관련 스트레스와 시험불안	시험불안 성적 저하 및 저조로 인한 걱정과 스트레스 성적에 대한 집착
관계의 문제	관계 관련 문제	성적으로 인한 관계의 문제 관계문제로 인한 학업문제**

* 공부에 대한 반감은 '학습동기의 문제'와 '공부태도의 문제'에 모두 포함.
** 위의 문제유형 분류에는 관계문제가 원인이 되는 '관계문제로 인한 학업문제'는 분명히 드러나지 않
  으나, 관계의 갈등으로 인해 학업문제가 발생하는 경우도 있고, 반대로 '학업문제로 인해 관계가 왜곡
  되는 문제'도 있기 때문에 본 표에 표기함.

1) 출처: 홍경자, 김창대, 박경애, 장미경(2002). 청소년집단상담의 운영.
2) 학습전략은 보다 포괄적인 영역이고, 여기에서는 학습전략 중의 방법적인 내용을 뜻함.

〈표 8-2〉 학습부진 요인

범주	관련 요인
능력 요인	지능, 기초학습기능, 선행학습, 적성, 인지양식
인지 요인	공부에 대한 태도·동기, 부모의 기대에 대한 지각, 공부와 관련된 비합리적 신념
정서적 요인	우울(학습된 무기력), 불안, 성취압력으로 인한 스트레스
행동적 요인	학습전략, 공부시간
환경적 요인	물리적 환경, 심리적 환경(부모와의 관계, 또래관계, 교사와의 관계, 형제 경쟁)

다는 것을 알 수 있다. 학습부진 관련 요인을 구체적으로 살펴보면 능력 요인, 인지 요인, 정서적 요인, 행동적 요인, 환경적 요인 등 다섯 가지로 범주화할 수 있다(〈표 8-2〉 참조). 이러한 범주 안에서 변화 불가능한 영역의 문제들은 교육적 접근으로만 개입하기 어려우므로 교육적 접근을 위해 변화 가능한 영역을 확인하고 학업문제를 정확히 이해하고 효과적인 개입방법을 찾아야 할 것이다. 경우에 따라 학업문제의 원인이 매우 사소한 데서 기인할 수 있다. 예를 들어, 물리적 환경의 경우 장소만 바꿔도 학습의 효과가 다를 수 있기 때문에 사소한 원인도 중요하게 여길 필요가 있다.

2) 학업문제의 특성

이상 학업문제가 얼마나 다양하고 그 원인이 얼마나 복잡한지를 알아보았다. 이러한 학업문제는 학업 자체의 문제로 끝나는 것이 아니라, 그로 인해 다른 여러 가지 문제가 발생한다. 일반적으로 학생들은 학업을 수행하는 과정에서 근면성과 문제해결 능력을 습득하게 되는데, 학업수행 과정에서 학업문제로 인해 쉽게 포기하거나 적절하지 않은 방법을 사용하게 될 경우, 청소년기의 기본 발달과업을 성취하지 못할 수 있다. 또한 학습과 관련된 다양한 정서적, 관계적 문제를 겪으면서 정서발달과 자아정체감 발달에도 영향을 미치게 된다. 학업문제의 특성을 좀 더 구체적으로 살펴보면 다음과 같다.

첫째, 학업문제의 다양한 영역은 서로 연관성을 맺고 있다. 앞에서 본 학업문제 분류와 학습부진 요인은 각각의 특성에 의해 다른 문제로 구분되지만 실제 학생들에게는 복합적으로 나타날 수 있다. 학생들이 겪고 있는 여러 학업문제가 때로는 원인이 되고 때로는 결과일 가능성이 있다. 예를 들어, 학업참여도가 낮은 동기 부족의 학생들은 태도적인 측면에서 동기문제로 나타나지만, 동기 부족의 원인이 기초능력의 부족, 선행학습의 결손, 학습전략의 문제 등과 다양한 경로로 연결될 수 있다. 초기에 발생하는 한두 가지 문제를 인식하지 못하거나 문제에 대한 개입이 적절하지 않을 경우 점차 다른 문제로 연결되어 결과적으로는 복합적인 문제로 남게 된다. 즉, 문제영역이 확대되는 동시에 문제 수준도 점차 심각해지기 때문에 이러한 학업문제에 대해 일찍 발견하고 초기에 개입할수록 더 효과적이다.

둘째, 학업문제는 다른 발달영역에 영향을 미친다. 아동 · 청소년 시기에는 학업을 통해 학교생활과 일상생활에서 필요한 바람직한 생활습관을 형성하고, 기초적인 문제해결 능력을 학습하게 된다. 다시 말해, 학업은 청소년기의 주요 과업이자 발달에 필수적인 도구라고 할 수 있다. 그러므로 학업은 단순히 국어성적, 수학성적의 문제를 넘어 바람직한 생활습관을 형성하고 과업수행의 태도나 방법을 기르는 기능을 담당한다. 예를 들어, 학습동기가 낮은 학생의 경우 학습된 무기력이 형성될 수 있으며 이로 인해 학업성적뿐만 아니라 생활영역에서도 무력감, 무가치감을 형성할 가능성이 있다. 이는 점차 낮은 효능감과 자아존중감으로 연결될 수 있기 때문에 전반적인 발달에 부정적인 영향을 미치게 된다. 따라서 학업문제를 간과하지 않고 다른 발달영역과 긍정적인 상호작용을 할 수 있도록 촉진하는 것이 가장 바람직한 지도 방향이라고 할 수 있다.

셋째, 학업문제는 조력으로 변화 가능한 부분이 많다. 황매향(2009)의 분

류방법에 따라 학업문제를 변화 가능 여부와 개인-환경 변인의 축으로 분류
하면 〈표 8-3〉과 같다. 수많은 관련 변인 중에서 변화 가능한 부분이 상당히
많다는 것은 매우 희망적이라고 할 수 있다. 그중에서 개인변인 부분은 학생
이 스스로 변화를 시도할 수도 있고, 지도를 받으면서 변화를 시도할 수도 있
다. 환경적인 부분에서는 가정(부모, 형제 등)이나 학교(교사, 또래 등)에 대한
개입으로 간접적으로 접근할 수 있을 것이다. 교육봉사에서는 환경변인보다
개인변인에 개입할 경우가 많은데, 기초학습능력이나 선행학습은 계획적으
로 접근하면 충분히 개선될 수 있는 문제다. 학습전략이나 학습시간 등 방법
이나 습관과 관련된 문제도 봉사자의 경험과 노력으로 해결할 수 있을 것이
다. 상대적으로 조금 어려운 동기, 태도, 우울, 불안 등 정서적인 문제는 학
생의 특성에 따라 봉사자 역량으로 해결될 수도 있지만, 때로는 전문가의 도
움을 받아야 할 수도 있다.

〈표 8-3〉 개인-환경 변인에 따른 학업문제 변화 가능 여부 분류

	환경변인	개인변인
변화 가능	부모와의 관계, 부모의 양육태도, 부모의 학습에 대한 개입, 성취압력, 또래와의 관계, 교사와의 관계, 형제와의 경쟁	기초학습기능, 선행학습, 학습동기, 학습전략, 성격, 공부에 대한 태도, 부모에 대한 지각, 불안, 우울, 비합리적 신념, 자아개념, 공부시간
변화 불가능	부모의 지위변인, 가족구조의 변화, 학교 풍토, 교육과정, 교사의 교수법, 학습과제, 학교시설, 시험형식, 경쟁구조, 사교육	지능, 적성, 기질, 인지양식

2. 학업문제의 평가

　학업문제는 다양한 형태로 존재하고 학생 개인에게는 복합적으로 나타날 수 있다. 복합적인 문제를 정확하게 이해하기 위해서는 보다 세부적으로 확인해야 한다. 학업문제를 앞에서 제시한 다양한 분류방법으로 확인할 수 있으며, 학생 개개인이 겪고 있는 학업문제에 대해서는 더 세부적으로 평가해야 한다. 학업문제의 평가는 전문적인 영역이지만 여기서는 전문적인 평가방법을 일일이 다루기보다 청소년 학업지도를 하는 대학생들이 손쉽게 활용할 수 있는 방법을 소개하고자 한다.

　간단하게 [그림 8-1]의 절차에 따라 문제를 확인하고 개입목표를 구체화시킬 수 있는데, 우선 문제영역과 문제수준을 확인하고, 문제에 대해 교육봉사자와 봉사대상자 모두 있는 그대로 받아들이는 수용과정이 필요하다. 문제영역을 확인하는 방법은 앞에서 제시한 분류방법을 활용할 수 있다. 문제수준을 파악하는 방법으로는 교과과정에 입각한 방법을 활용할 수 있다. 예를 들어, 초등학교 5학년 학생인데 실제 학업성취는 3학년 수준이라든지, 학습

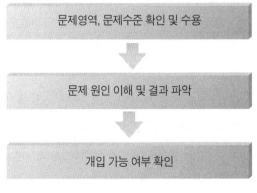

[그림 8-1] 청소년 학업문제의 평가절차

에 대한 태도나 학습방법은 1~2학년 수준이라든지의 평가방식을 취할 수 있다. 이런 방법은 다음에 소개할 교육과정중심측정이라는 평가방법으로, 이는 학년별 학습목표나 교과수준을 기준으로 실제 학년과 학습수준의 차이를 비교하여 평가하는 방식이다.

그다음 단계로는 학업문제 원인에 대한 이해가 필요한데, 학업문제를 이해하기 위한 방법으로는 앞에 〈표 8-1〉과 〈표 8-2〉의 분류방법과 관련 요인으로 파악할 수 있다. 학습부진의 원인을 파악하는 동시에 학습부진 요인을 형성하게 된 과정이나 과거의 사건 등을 확인할 필요가 있다. 앞에서 문제영역, 문제수준, 문제의 원인과 그 경과를 어느 정도 파악했다면 그 문제가 변화 가능한 영역인지 추가적으로 더 확인할 필요가 있다. 근본적으로 변화하기 어려운 부분이라면 그 수준에서 적응적인 기술을 지도하는 것이 더 효과적이고, 변화 가능한 영역이라면 세부적인 개입방법에 대해 검토해야 할 것이다. 우선, 평가절차는 [그림 8-1]과 같이 3단계로 나누어 파악할 수 있으며 구체적인 방법은 다음에서 살펴볼 것이다.

1) 교육과정중심측정

교육과정중심측정(Curriculum-Based Measurement: CBM)은 학생들이 배우는 교육과정을 중심으로 학습수준을 파악하는 평가방법이며 이러한 방법은 해당 과목의 실제 학업수준을 파악하는 데 매우 유용하다. 이 방법은 교육과정에 근거를 두기 때문에 간결하고 자주 실시할 수 있다는 장점이 있다. CBM의 문제해결 절차는 평가뿐만 아니라 어떻게 문제에 개입해야 하는지 방법을 찾아서 적용하는 부분도 함께 포함하고 있다. CBM의 문제해결 모형(〈표 8-4〉)은 5단계로 구성된다. 즉, ① 해결할 문제 찾기, ② 문제를 정의하기, ③ 해결을 위한 대안 모색, ④ 해결방안을 적용, ⑤ 문제의 해결 여부 결정하기다. CBM의 문제해결 단계를 적용하여 학생들의 학업문제를 파악하

〈표 8-4〉 CBM의 문제해결 모형[3]

순서	문제해결 단계	측정활동	평가활동
1	문제 찾기	기초학습기능에 대한 학생의 수행수준을 관찰 및 기록	문제의 존재 여부에 대한 결정
2	문제의 정의	실제 수행수준과 기대되는 수행수준 사이의 차이 기술	어떤 영역의 편차를 해결할 것인지 결정
3	대안 탐색	기대되는 향상과 다른 대안과 관련된 비용 추정	교수프로그램 제안(해결을 위한 대안)
4	대안의 적용	대안 적용과 학생의 진전도에 대한 점검	프로그램을 계속 유지할 것인지 혹은 수정, 변경할 것인지 결정
5	문제의 해결	실제 수행수준과 목표 사이의 차이 기술	유의미한 차이가 있는지의 여부를 결정하고, 목표를 달성하면 한 단계 마무리

고 교육과정중심으로 그 대안적 교수프로그램을 투입할 수 있을 것이다. 즉, 교육과정에서 취약한 학업영역의 문제를 확인한 후 교육과정중심으로 보충학습과 반복학습을 통해 문제를 보완하는 방법을 활용할 수 있다.

이러한 CBM의 평가방식은 이미 체계적으로 구성된 교육과정에 기초해서 진행되기 때문에 시간과 비용 면에서 상당히 경제적이다. 앞에서 소개한 CBM의 문제해결 모형을 적용하여 영희(가명)의 사례를 살펴볼 것이다. 영희에 대한 지도를 문제해결단계에 대조시켜 살펴보면 다음 〈표 8-5〉와 같다.

중학교 1학년인 영희는 시골의 작은 학교에서 공부하다가 전학을 왔다. 스스로 영어에 재미를 못 느껴서 영어공부를 소홀히 하였다. 학년이 올라가면서 영어가 주요과목이라는 것을 알게 되어 열심히 외우고 이해하려 하는

---

3) 출처: 김동일(1998). 교육과정중심평가의 이론과 실제: CBM을 중심으로. 현장특수교육, 5(3), 8-17.

데 노력만큼 잘 안 된다. 교육봉사를 하는 대학생이 영희의 학습방법을 관찰해 보니 알파벳을 자유롭게 외우지 못하는 것 같다는 생각이 들었다.

〈표 8-5〉 CBM 중심 문제해결 모형에 따른 사례 이해

문제해결 단계	측정 및 평가활동	영희의 사례
문제 찾기	• 기초학습기능에 대한 학생의 수행수준을 관찰 및 기록 • 문제의 존재 여부에 대한 결정	영어단어의 발음을 기억해서 소리 내어 읽을 수는 있는데 쓰기를 어려워한다. 쓰기능력에 문제가 있는 것 같다.
문제의 정의	• 실제 수행수준과 기대되는 수행수준 사이의 차이 기술 • 어떤 영역의 편차를 해결할 것인지 결정	중학교 1학년인데 알파벳을 정확히 쓰지 못하고 순서대로 외우지 못한다. 알파벳 쓰고 외우기가 우선 필요하다.
대안 탐색	• 기대되는 향상과 다른 대안과 관련된 비용 추정 • 교수프로그램 제안(해결을 위한 대안)	알파벳은 기본이고, 잘 외우면 단어가 쉬워지고 문장을 이해할 수 있다는 것을 알려 준다. 알파벳을 재밌게 배울 수 있는 자료를 찾아서 학습계획을 세워 적용한다.
대안의 적용	• 대안 적용과 학생의 진전도에 대한 점검 • 프로그램을 계속 유지할 것인지 혹은 수정, 변경할 것인지 결정	단계별로 반복학습을 하고 학습진도를 확인한다. 3주 후 알파벳을 읽고 쓰는 데 어려움이 없었다. 더 숙련되도록 복습시키고 전체과정에서 격려와 칭찬을 아끼지 않았다.
문제의 해결	• 실제 수행수준과 목표 사이의 차이 기술 • 유의미한 차이가 있는지의 여부를 결정하고, 목표를 달성하면 한 단계 마무리	단어를 읽고 쓰고 이해하는 데 큰 어려움이 없다. 이제 다른 수준의 학업으로 넘어갈 수 있게 되었다.

2) 심층면담 방식

앞에서 해당 교과목의 학습수준을 평가할 때 적용할 수 있는 교육과정중심측정을 소개하였다. 그러나 학업문제의 분류에서 볼 수 있듯이 학업문제는 단순히 국어, 영어, 수학 등 교과성적의 문제만은 아니다. 기타 학업문제를 평가하고 개입하기 위해서는 다른 평가방법이 필요한데, 실제적으로 비교적 쉽게 할 수 있는 방법은 직접 물어보는 것이다. 즉, 간단한 면담 방식을 통해 학생들의 학업에 대한 생각을 알아보고 학업상의 어려움이 무엇인지를 파악한다. 물어보아야 할 내용을 체계적으로 정리해서 질문을 하는 것이 쉽지 않을 수 있는데, 학업문제의 분류(〈표 8-1〉 참조)에 따라 그 문제의 특성에 맞추어 질문을 구성할 수 있을 것이다. 다음은 면담 방식으로 학업문제를 파악할 때 사용할 수 있는 질문의 예다.

♣ 집중력 부족
• 수업시간에 선생님께서 설명하신 내용을 처음부터 끝까지 잘 듣고 있었는가?
• 수업시간에 다른 생각이나 다른 행동을 했다면 얼마나 자주 하는가?
• 숙제할 때나 혼자 공부할 때 쉽게 자리에서 일어나거나 다른 활동을 하는가?
• 집중해야 할 때 쉽게 주변의 영향을 받는가? 주로 영향을 받는 요소에는 어떤 것들이 있는가?

♣ 동기 부족
• 학교 공부가 재미없고 흥미를 못 느끼는가?
• 학교 공부를 못해도 괴로움을 느끼지 못하는가?
• 왜 공부를 해야 하는지 이유가 없는가?

• 학교 공부를 잘하면 좋겠지만 별로 노력을 안 하고 싶은가?

♣ 걱정과 스트레스, 학업에 대한 부담
• 성적이 안 나올 때 제일 걱정되는 것이 무엇인가?
• 성적이 안 나올 때 누구를 제일 먼저 떠올리게 되는가? 가장 염려되는 사람은 누구인가?
• 나름대로 열심히 했는데 성적이 나쁠까 봐 걱정을 많이 하는가?
• 성적이 떨어지면 부모님이나 선생님께 혼날까 봐 불안한가?

이상 학업문제를 평가하는 방법으로 교과과정중심측정과 해당 학생의 문제영역을 고려하여 맞춤형으로 사용할 수 있는 면담법을 소개하였다. 그 외에도 다양한 진단도구를 활용하는 방법이 있지만 여기서는 교육봉사자가 쉽게 사용할 수 있는 두 가지 방법만을 소개하였다. 모든 학업문제에 대해 일일이 평가내용을 제시할 수는 없으므로 교육봉사활동을 하는 교육봉사자가 교육학 지식을 응용하여 청소년의 학업문제를 파악하고 지도하기를 바란다.

3. 학업문제의 개입절차

앞에서 학업문제를 이해하고 평가방법을 알아보았는데, 여기서는 이러한 학업문제를 겪고 있는 학생들을 어떻게 도울 것인가를 다룰 것이다. 앞의 단계에서 학업문제의 영역과 수준, 개입 가능 여부 등을 알아보았다면, 이 단계는 그러한 평가를 바탕으로 적절한 계획을 세워 문제에 개입하는 단계다. 구체적으로 ① 목표설정, ② 학습방법 적용, ③ 성공 경험 확대, ④ 학습방법 습관화, ⑤ 평가 및 종결의 순서로 개입을 할 수 있다([그림 8-2] 참조).

목표설정은 봉사대상자인 학생과 앞으로의 목표에 대해 합의하고 실천 가

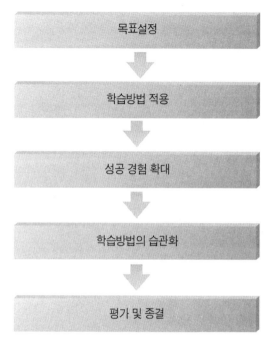

[그림 8-2] 청소년 학업문제의 개입절차

능한 목표를 설정하는 것이다(4장의 〈표 4-1〉 참조). 목표를 설정한 다음 구체
적인 개입전략으로 해당 문제에 접근하게 되는데, 여기에서는 문제가 완전
히 해결이 되지 않더라도 문제의 수준을 낮출 수 있는 방향으로 노력할 필요
가 있다. 학습방법을 적용하는 과정에서 작은 변화나 성취라도 적극적으로
칭찬을 함으로써 학생 스스로 긍정적인 성공 경험을 할 수 있도록 한다. 성공
경험 확대는 동기를 높이고 자기강화를 증진하는 긍정적인 효과가 있다. 장
기적으로 공부에 대한 태도, 학습습관, 학습방법 등을 습관화할 수 있도록
강화를 제공하여 지도가 없어도 스스로 공부할 수 있도록 한다. 마지막 단계
에서는 목표 달성 정도와 사용한 개입전략에 대한 평가를 시도하고 어떤 개
입전략이 가장 효과적이었는지, 효과적이지 않은 전략은 어떻게 효과적으로
수정하여 적용할지 등을 검토하고 개입을 종결한다. 이러한 과정을 통해 향

후 개인의 교육전략을 축적하는 데 값진 경험을 갖게 될 것이다.

1) 목표설정

목표설정은 학업문제 개입의 첫 단계인 만큼 매우 중요한 시작단계다. 문제에 대해 평가한 후 필요한 지도내용을 목표로 설정할 수 있다. 목표를 설정하는 과정에서 일방적으로 목표를 정하는 것보다 합의 가능한 방향으로 정해야 달성하는 데 무리가 없다. 일방적으로 목표를 정했을 경우 지도받는 학생 입장에서는 전혀 중요하지 않다고 볼 수 있기 때문에 결국은 실현이 불가능한 경우가 많다. 그러므로 왜 그 목표가 필요하고, 어느 정도로 달성해야 하는지를 설명해 주는 것이 더 효과적이다. 목표설정에 대해서는 4장의 목표설정을 참고하도록 한다.

2) 학습방법 적용

학업문제의 개입방법은 다양하지만, 기본적으로 적극적인 격려, 칭찬, 강화법 활용, 인내심 있는 지도 등이 필요하다. 동시에 체계적인 학업계획을 세워서 효과적으로 시간관리를 하면서 학업에 임하도록 한다. 흥미와 동기가 부족한 학생들을 지도할 때는 대화를 나누거나 학습게임 등을 통해 학생들에게 흥미를 유발하고, 보다 활발하게 참여할 수 있게 지도해야 한다.

3) 성공 경험 확대

다양한 학습방법을 통해 학생들의 학업동기를 높이고, 각 영역의 학습활동을 시도해 본 후에는 그 과정에서 성취한 작은 성과나 학생들의 작은 변화를 기억하고 이를 극대화시키는 것이 중요하다. 성공 경험을 확대하기 위해서는 다음과 같은 세 가지 방법을 참고할 수 있다. 첫째, 목표를 조금 낮게 잡아서 성공 경험을 늘린다. 이런 경우는 중간고사나 기말고사 이외의 평가계획이 필요하다. 다양한 평가 상황에서 스스로의 노력을 인정하고, 자신의 노력을 통해 얻은 결과에 만족을 느끼게 한다. 자신에 대한 기대가 높은 학생은 낮은 목표를 달성하면 만족하지 못하고, 어느 정도의 기준에 도달하지 못하면 좋은 성적이 아니라고 생각하는 경우가 있다. 이는 노력에 대한 인정과 수용이 부족한 것이며, 교육봉사자는 봉사대상자의 작은 성과에 대해 칭찬과 긍정적인 반응을 보여 봉사대상자가 다양한 평가 상황에서 자신의 노력을 인정하고 작은 성취에 만족할 수 있게 한다.

둘째, 잘하는 것을 더 열심히 하게 하여 성공 경험을 늘린다. 학업문제를 호소하는 학생들 중 영역 간 학업성취도 편차가 큰 경우가 있는데, 성취수준이 낮은 과목 때문에 전반적으로 학습동기가 낮아지거나 자신감이 부족해지기도 한다. 우선, 노력을 해도 나아지지 않는 과목에 대한 관심을 조금 줄이고, 잘하는 것을 더 열심히 해서 성공 경험을 늘리는 것이 좋다. 이를 위해 목표를 정할 때 봉사대상자들이 잘하는 영역을 선택하는 것도 하나의 방법이다. 자신감이 조금 회복되면 전략적으로 성적이 낮은 과목을 집중 공략한다. 단, 잘하는 과목에만 너무 장기간 집중하는 것은 바람직하지 않다. 단시간에 다른 과목을 병행하거나 처음부터 병행하는 방법을 활용하는 것을 추천한다.

셋째, 성공 경험을 내면화할 필요가 있다. 성공 경험의 내면화는 성공 경험을 통해서 '나도 잘하는 것이 있다' 혹은 '나는 국어를 잘한다'와 같은 자신에 대한 생각을 갖게 되는 것이다. 학생이 성공 경험을 어떻게 생각하는지를 확인하고, 학습동기를 높여 실제 학업에 도움을 받을 수 있도록 한다. 성공 경험을 내면화하는 데는 교육봉사자의 역할이 중요하다. 봉사대상자가 가진 긍정적인 이미지를 확인해 주어 더 탄탄히 할 수 있도록 도울 수 있다. 이러한 과정을 통해 자신감이 향상되면 어려움을 피하지 않고 도전하는 모습을 보일 것이다.

4) 학습방법의 습관화

학습방법을 습관화시키기 위해서는 개인의 학습 스타일에 맞게 차별화된 학습방법을 확인하고, 공부의 방해요소가 무엇이고 새로 개발한 전략과 대처방법을 어떻게 활용할 때 가장 효과적인지를 정리해 본다. 정리한 내용을 잘 보이는 곳에 붙여 놓고 공부를 시작할 때나 하고 있을 때 점검하는 습관을 형성하도록 노력한다. 그리고 새로운 학습방법이나 대처전략을 반복하여 습관이 될 때까지 계속 연습한다.

5) 평가 및 종결

평가는 교육봉사활동을 참여하는 모든 사람에게 해당되는 부분이다. 학업지도를 받는 학생과 학업지도를 하는 교육봉사자 모두 평가에 참여하고, 평가내용도 두 가지 측면에서 구성해 본다. 학업지도를 하는 입장과 학업지도를 받는 입장에서 무엇이 가장 효과적인 요소인지를 확인하는 데 의미가 있다. 교육봉사자와 봉사대상자가 각각 자신이 생각하는 정도를 10점 만점에서 몇 점인지를 점수로 매겨 보고 관련된 생각을 나누어 본다. 이러한 과정을 통해 개인의 학습방식(교수방식)과 성과요인을 확인하고 지속적으로 적용해 보도록 한다.

♣ 봉사대상자 측면
- 선생님의 학습지도를 통해 무엇이 달라졌는가?
- 정해 놓은 목표가 현실적으로 좋은 목표였는가?
- 정해 놓은 목표를 향해 얼마나 노력했는가?
- 목표를 달성하는 데 있어 가장 효과적인 방법은 무엇인가?
- 효과적이지 않은 방법은 무엇인가? 어떻게 개선해야 하는가?

♣ 교육봉사자 측면
- 학업문제를 정확히 파악했는가?
- 파악한 문제에 대해 SMART 원리에 맞게 목표를 설정했는가?
- 학생의 학업문제는 어느 정도 해결되었는가?
- 주로 어떤 개입전략을 사용했는가?
- 가장 효과적인 개입전략은 무엇인가?
- 효과적이지 않은 개입전략은 무엇인가? 어떻게 개선해야 하는가?

4. 주요 학습방법 지도

학업문제는 개인에 따라 문제영역과 문제수준이 상당히 다양하다. 학업문제에 대한 이론적 이해를 바탕으로 봉사대상자의 학업문제를 이해하고 평가하여, 문제가 심각하거나 전문적인 도움이 필요할 때는 담당교사나 학부모에게 알려서 전문적인 서비스를 받을 수 있도록 다리 역할을 해야 한다. 그 외에 교육봉사자 입장에서 지도할 수 있는 부분에 대해서는 앞에서 설명한 바와 같이 문제를 이해하고 지도계획을 세우도록 한다. 교육봉사자가 현장에서 흔히 볼 수 있는 문제는 학습동기, 학습방법, 기초학습기술 등의 문제라고 할 수 있다. 여기에서는 교육봉사 현장에서 자주 접하는 학습동기, 학습방법, 기초학습기술 및 주요 과목별 지도방법을 소개한다.

1) 학습동기 및 습관

(1) 학습동기 확인 및 향상
봉사대상자들은 선행학습이 부족하거나 공부습관이 형성되지 않은 경우가 많아 시간이 지날수록 학업에서 점점 뒤처지게 된다. 학습에 대한 관심이 점차 없어지면서 결국 학습동기까지 상실하게 된다. 학습동기는 지속적인 학습의 원동력이기 때문에 학생들의 동기를 확인하고 동기수준을 증진시킬 수 있는 방법과 함께 다양한 학업지도를 시도해야 한다. 다음 두 가지 활동(활동 8-1과 8-2)은 학습동기 확인 활동과 학습동기 향상 활동의 예시다. 이러한 활동을 통해 학생들의 학습동기를 확인하고, 낮은 학습동기 또는 외재적 학습동기 등에 대해 지속적으로 개입해야 할 것이다.

활동 8-1   학습동기 확인(〈부록 7〉 참조)

활동 목표	① 학습동기를 확인하고 개선 의지를 가진다. ② 바람직하지 않은 학습동기를 인식하고 스스로 보다 노력하고 싶은 마음을 가진다.
활동 내용	① 공부에 대한 개인의 생각을 자유롭게 이야기할 수 있는 분위기를 조성하고 학생들에게 '공부는 왜 할까요?' 활동지(부록 7)를 나누어 주고, 공부에 대해 학생들이 느끼는 정서와 그 이유를 이야기하도록 한다. ② 학생들의 생각을 경청하고 구체적인 질문을 통해 그러한 정서나 생각을 갖게 된 계기나 사건을 들어 보며 공부하는 이유를 잘 정리할 수 있도록 지도한다. ③ 동기가 낮거나 외재적 동기를 가진 학생의 경우 그럴 수밖에 없었던 이유와 실패 경험들에 대해 공감해 주되, 그럼에도 학생들이 가진 꿈이 있다면 그 꿈이 무엇인지, 그리고 미래와 어떻게 연결되는지를 생각해 보도록 한다. ④ 공부가 싫을 때도 많지만 재미를 느낀 경험이나 공부를 통해 얻을 수 있는 다양한 이득에 대해 생각해 보고 관련 경험을 공유한다. ⑤ 공부와 관련된 다양한 생각을 통해 자신의 동기를 정리해 본다.
유의 사항	① 공부에 대한 생각이 한두 번의 활동을 통해 개선되기는 어렵다. 이런 활동에서 얻게 된 작은 희망을 향후 활동에 계속 적용하면서 동기와 태도 변화를 추구한다. ② 어떤 생각과 경험을 이야기하든 비난하지 않고 학생이 당시 상황에서 느끼고 행동한 부분을 이해하려고 노력한다.

♣ 동기가 부족한 학생이 있다면

　동기가 부족한 학생은 완전 무동기부터 시작해서 매우 약한 학습동기를 형성한 학생일 가능성이 크다. 이러한 학생의 경우 동기를 향상시키기가 더욱 어렵고 장기간의 개입이 필요하다. 동기형성 과정에서 외재적 동기는 상대적으로 쉽게 형성시킬 수 있기 때문에 다양한 보상방법을 마련하여 동기를 갖게 하는 방법으로 활용할 수 있다. 그 과정에서 작은 성과라도 큰 성취로 간주하고 적극적으로 칭찬과 격려를 하는 것이 중요하다. 이러한 과정을 통해 학습에 대한 호기심과 즐거움을 느낄 수 있도록 내재적 동기로 전환시켜 나가야 한다.

활동 8-2　학습동기 향상

활동 목표	① 자신감과 꿈을 키워 학업에 임한다. ② 사람을 움직이는 내적 동기에 대해 알아본다. ③ 자기이해를 통해 자신을 움직이는 내적 동기를 확인하고 개선한다.
활동 내용	① 자신의 미래나 꿈에 대해 자유롭게 이야기한다. ② 다양한 자료를 활용하여 다른 사람들이 어떤 꿈을 가지고 어떻게 실천하는지를 알아본다. 예를 들어, EBS 지식채널(http://home.ebs.co.kr/jisike/main.jsp)에 있는 흥미로운 자료들을 활용한다. ③ 자료를 보고 느낀 점을 마인드맵으로 그려 보고, 가장 인상적인 내용과 느낌 등을 이야기하게 한다. ④ 자신의 상황과 연결해서 이야기해 보거나 자신의 상황과 비슷한 점, 다른 점 등을 이야기하게 한다. ⑤ 전체 마인드맵에서 사람을 움직이게 하는 내적인 힘이 무엇인지에 대해 집중적으로 나눠 본다. ⑥ 자신을 움직이는 내적인 힘이 무엇인지를 찾아보고 실천해 본다.
유의 사항	① 학생들이 이야기를 하지 않으려는 경우, 다그치지 말고 자연스럽게 이야기를 할 수 있도록 유도한다. ② 시간은 10～15분 내외로 하여 활동이 지루하지 않도록 한다. ③ 지속적으로 활동을 실시하고, 가능하다면 내적, 외적 보상을 많이 준다.

♣ 효과적인 보상방법

- 주어진 시간에 (영어 단어 등) 외우기 게임을 진행하고 상 주기
- 문제 풀기 등에서 두 조로 나눠서 게임을 진행하고 우승조에게 상품 주기
- 과제 점검을 통해 성공적인 과정 또는 결과에 대해 쿠폰 제공하기
- 쿠폰이 여러 장 모이면 상 주기
- 작은 성과가 큰 성과로 발전하면 좀 더 큰 보상 주기(과자, 좋아하는 활동 등)
- 학습분위기가 좋으면 좋아하는 노래 함께 듣기
- 봉사대상자의 장점, 노력과 성취를 찾아서 칭찬하고 격려하기

(2) 학습 방해요소 확인 및 제거

학생들은 공부를 하는 과정에서 여러 가지 방해요소를 느끼게 되는데 이러한 방해요소를 확인하고 수정하거나 제거할 필요가 있다. 학습 방해요소는 개인차가 있기 때문에 개인별로 방해요소를 찾아서 분류하여 패턴을 확인하는 것이 좋다. 개인의 패턴을 확인하기 위해 우선 자주 발생하는 방해요소를 나열해 보고 공통된 부분을 찾아서 분류를 시도한다. 예를 들어, 시간, 과목, 신체적 반응, 장소나 주변 환경 등으로 구분해 볼 수 있을 것이다. 이러한 분류를 통해 개인의 패턴을 정확히 찾고 이해하면 제거하는 데도 비교적 수월할 것이다. 학습 방해요소를 확인할 때는 시간, 장소, 심리적 상태, 주변 환경, 주요 사건 등에 대해 객관적으로 인식하고 어떤 면에서 방해요소로 작용하게 되는지를 이해하여 이러한 방해요소를 최소화시켜 나갈 수 있도록 한다. 〈부록 8〉을 활용하여 학습 방해요소를 확인할 수 있다.

학습 방해요소를 확인하였다면 다음 단계는 학습 방해요소를 제거하는 작업을 해야 한다. 학습 방해요소를 제거하기 위해 가족이나 친구들의 피드백과 자기관찰을 통해 자신의 나쁜 습관을 적어 본다. 학습 방해요소 점검 활동 자료(〈부록 8〉 참조)를 활용하여 발견된 문제점을 하나하나 적어 본 후 새로운

〈표 8-6〉 학습 방해요소 제거 활동 예시(〈부록 8〉 참조)

나의 문제	언제	어디서	어떠할 때	대책 예시
처음에 공부를 빨리 시작하지 못하고 헛되이 시간을 흘려보내는 경우가 많다.	저녁식사 후 공부를 시작하기까지	집	TV 프로가 너무 재미있거나, 가족들과 같이 이야기를 나누다 보면 시간이 빨리 간다.	1. 꼭 해야 할 공부가 있을 때는 독서실(도서관)에서 공부를 한 후 집으로 간다. 2. 외부 환경과 분리하여 조용하고 잘 정리된 방에서 혼자 공부한다.

대처방법을 찾아 적고 실천에 옮긴다. 대처방법을 찾고 노력하는 과정이 한 두 번의 노력으로 개선되지는 않는다. 다양한 방법으로 시행착오를 겪으면서 시도해 보고 그중에서 비교적 효과 있는 방법을 터득하여 지속적으로 습관을 형성하는 것이 중요하다. 그 과정에서 여러 가지 좌절과 지루함을 느끼고 포기하고 싶어질 수 있는데, 이때 교육봉사자는 함께 견뎌 주고 지지하면서 성취에 대한 희망을 갖도록 하는 것이 중요하다. 이러한 태도가 대처방법을 제시해 주는 것 이상의 효과를 보기 때문에 인지적, 정서적 조력을 함께 제공할 때 가장 효과적이라고 할 수 있다.

2) 기초학습기술

기초학습기술은 학습의 가장 기본이고, 모든 과목의 필수조건이다. 특히 읽기는 기초 중의 기초라고 할 수 있는데, 여기에서는 읽기능력을 향상시킬 수 있는 방법을 비롯하여 학습과정의 필수능력을 기를 수 있는 활동을 소개한다.

(1) 읽기능력 향상지도

읽기는 모든 학업의 기초능력으로, 일반적으로 읽기활동을 통해 지식, 정보를 획득하는 경우가 많다. 읽기과정은 매우 인지적이고 고도의 집중력과 사고력을 요구하는 활동이지만 때때로 읽기를 쉽게 생각하고 지나치기도 한다. 읽기능력을 확인하고 향상시키는 것이 학업지도의 기초임을 기억하고 간과하지 않도록 한다.

활동 8-3 　읽기능력 향상

활동 목표	① 읽기 방법을 정확히 이해하고 따라 해 본다. ② 음성, 의미를 포함하여 단어, 문장을 이해하고 문단의 의미를 파악하는 연습을 한다.
활동 내용	① 교과서나 각종 매체에 수록된 짧은 글을 읽기자료로 제시한다. ② 읽기활동의 기본방법과 절차를 소개하고 단계별로 안내를 한다. 　• 자료를 빠른 속도로 훑어보고, 간략하게 내용을 이야기한다. 　• 순서대로 문단을 읽고 중심생각을 정리한다. 　• 중심생각을 정리한 후 다시 자료를 읽어 보면서 확인한다. ③ 이러한 과정을 통해 읽는 방법이나 내용파악 능력에 문제가 없는지를 확인하고 서툰 부분에 대해서는 반복적으로 지도한다.
활동 시 유의 사항	① 자료를 읽고 내용을 파악하는 것은 인내심이 필요한 일이기 때문에 좌절감을 느끼지 않도록 글의 난이도와 길이를 결정해야 한다. ② 자료 읽기는 정보의 인지처리 과정이므로 사고능력을 키울 수 있도록 지도한다. ③ 자료를 읽으면서 새로 알게 된 지식이나 뿌듯한 마음을 성취감으로 연결시켜 준다.

(2) 과제물 작성지도

과제는 학습과정의 중요한 수단이고, 학습의 과정이자 학습한 내용에 대한 확인방법이다. 과제를 수행할 때 참고할 수 있는 몇 가지 원칙이 있는데, 이러한 원칙을 통해 과제를 잘 수행하여 학습효과를 극대화시킬 수 있다. 그중에서 특히 과제를 돌려받은 후 그 과제에 대한 평가나 의견을 잘 확인하여 무엇이 부족하였는지, 어떤 부분을 잘하였는지, 부족한 부분을 복습하고 다시 한다면 어떻게 할 것인지에 대해 생각해 보도록 하는 것이 중요하다.

과제 작성 원칙을 설명해 주는 것은 크게 어렵지 않은데, 학생들이 이러한 원칙을 완전히 익혀 매번 자연스럽게 따라 하기는 상당히 어렵다. 따라서 원칙만 설명하는 것을 넘어서 과제물을 할 때마다 어떤 부분이 잘 지켜지지 않았는지를 확인하고, 그 원인과 대안적인 방법을 함께 나누면서 자신의 행동패턴을 이해하며, 더 나아가서 수정계획을 통해 실천해 보는 것이 중요하다. 여기에서도 어느 정도 기간을 두고 지속적으로 습관이 형성되도록 지도해야할 것이다. 다음 점검표(〈표 8-7〉 참조)에 따라 과제 작성에서 쉽게 보이는 문제를 종합적으로 검토해 보기를 권장한다.

〈표 8-7〉 과제 작성 점검표(예시)[4]

과제 작성 원칙	현재의 문제점	대안적 방법
지시사항을 정확하게 따르기	과제를 완성하는 데만 목표를 집중하고 있음	지시내용을 확인하여 지시에 따라 개요를 짜 보고 만족스러운 과제하기로 목표를 수정하기
과제물을 제때 제출하기	시간계획이 부족하여 제때 제출하지 못함	과제를 수행하는 데 필요한 시간을 사전에 계획해서 검토할 시간까지 충분히 확보해 둔다.
흠이 없는 과제물 제출하기	완성한 후 바로 제출함	완성한 후 꼭 한두 번 다시 검토해 본다.
오자나 문법(수식) 결함 확인하기	내용을 세세하게 검토하지 않고 훑어보기만 함	자세하게 읽어 보고 수정한다.
돌려받은 과제물을 잘 정리해 두기	돌려받은 과제에 대한 관심이 없음, 또는 점검한 내용에 대한 이해가 부족	점검한 부분에 대해 충분히 이해하고 같은 문제가 발생하지 않도록 한다.

(3) 시험 준비

시험은 학업수행 평가의 한 가지 방법이다. 대부분의 학생은 공부를 열심히 하고 내용을 잘 이해했다면 좋은 성적을 거두게 된다. 그러나 공부를 열심히 해도 좋은 성적을 얻지 못하는 학생들이 있는데, 그 원인이 다양하다. 공

4) 출처: 변영계, 박한숙(2004). 초등학생용 학습기술 훈련프로그램.

부는 열심히 하지만 시험 준비를 소홀히 하는 학생도 있고, 시험에 대한 불안으로 시험을 잘 보지 못하는 경우도 있다. 여기에서는 시험 준비와 관련된 요령을 소개한다. 시험 준비에서 가장 중요한 것은 약간의 긴장감으로 한정된 시간 내에 효율적으로 많은 내용을 준비하는 것이다. 지나친 긴장감과 불안감은 정서적 개입을 함께할 필요가 있다. 시험결과(평가)에 대한 처벌이나 창피함에 대한 두려움과 불안감을 가능한 한 해소하고 편한 마음으로 시험에 응할 수 있도록 지도한다.

시험 준비를 할 때 준비단계에 따라 정해진 시간 내에 균형 있게 시간을 배분하거나 자신이 취약한 과목을 상대적으로 더 많은 시간을 들여 복습하고 연습문제를 풀어 본다. 초기단계에서는 현실적인 계획을 세우는 게 중요하고, 마지막 단계에서는 자신감이 부족한 부분에 대해서 기출문제나 문제집 또는 예상문제를 풀어 보는 것도 중요한 방법이다. 전반적으로 시험을 본다는 것은 상당한 스트레스 상황이기 때문에 시험과목에 대한 준비와 동시에 정서적 지지와 격려도 함께 필요하다.

〈표 8-8〉 시험 준비 점검표(예시)[5]

시험 준비단계	현재의 문제점	대안적 방법
시험 준비 계획(과목별, 날짜별)	딱히 계획 없이 제일 먼저 보는 시험부터 준비한다.	활용 가능한 시간과 과목 수를 확인하고, 잘하는 과목과 못하는 과목을 고려하여 시간을 배분한다.
각 과목의 시험범위 확인	시험범위를 모르거나 대략 안다.	시험범위와 중요 내용을 정확히 확인한다.
체계적으로 시험공부	책에 있는 내용을 순서대로 외우거나 풀어 본다.	계획대로 시간을 최대한 활용하여 복습한다.
기출문제, 문제집, 예상문제 확인	시간 부족으로 확인 못하거나 대략 훑어본다.	잘 못하는 과목을 중심으로 문제를 꼼꼼히 풀어 본다.
시험 후 오답노트 정리	시험이 끝나면 자유를 만끽한다.	시험이 끝난 후 틀린 내용을 정확히 이해하고 확실히 익힌다.

---

5) 출처: 변영계, 박한숙(2004). 초등학생용 학습기술 훈련프로그램.

3) 주요 과목에 대한 지도

(1) 논술영역 지도

논술지도는 학생들이 다양한 주제에 대해 논리적으로 사고하고 글로 표현할 수 있도록 지도하는 것이다. 학년이 높을수록 더 객관적인 자료와 논리에 근거하는 글쓰기로 지도해야 한다. 상대적으로 학년이 낮은 학생들에게는 쉬운 주제로 논리적 사고를 기르는 게 중요하다. 읽기 예시자료(〈부록 9, 10, 11〉 참조)를 참고하여 다양한 주제에 대해 논의하고 글쓰기 활동을 시도해 볼 수 있다.

활동 8-4   논리적 글쓰기(〈부록 9, 10, 11〉 참조)

활동 목표	① 논리력과 창의력을 증진한다. ② 다양한 주제에 대해 논리적 사고를 하는 습관을 기른다.
활동 내용	① 학생들에게 선정해 온 주제에 대해 자유롭게 글을 쓰도록 권하되, 가급적 구체적인 상황으로 서술하도록 요구하고 적절한 분량을 정해 준다. ② 학생들이 한 번도 생각해 보지 못한 사안들에 대해 글을 써야 하므로 막막해할 수 있으므로 글을 쓰는 데 참고할 만한 키워드를 제시해 주도록 한다. ③ '정해진 답안은 없으며, 너희가 쓰는 모든 것이 답안이 될 수 있다.'는 사실을 주지시켜 주는 것이 좋다. ④ 글쓰기를 마치고 모든 학생이 한 번씩은 발표할 수 있도록 기회를 제공한다. 우수 발표자를 선정할 것이라고 알린다. ⑤ 발표에 대해서 간단한 피드백을 해 주고, 아이들에게는 느낀 점을 이야기하도록 장려한다. ⑥ 발표가 끝나면 다 함께 우수 발표자를 선정하여 격려한다.
유의 사항	① 학생들이 관심을 가질 만한 주제를 선정한다. ② 자신의 의견을 발표하는 것에 대해 칭찬을 아끼지 않는다. ③ 학생들 사이에서 의견이 비교되는 일이 없도록 가능한 한 서로 다른 주제에 대해서 발표하도록 시킨다. ④ 학생들이 하는 여러 가지 질문에 성실히 답해 주되, 바람직한 의견을 물어보는 경우에는 가급적 답하지 않는 것이 좋다. ⑤ 가능한 한 학생들이 타인의 의견을 비방하는 것을 지양하게 하고 남과는 다른 자신의 의견을 이야기하는 것에 초점을 맞추도록 조절해야 한다.

(2) 영어영역 지도

영어는 학교, 학원, 기타 사교육에서 많이 다루지만 많은 학생이 좌절을 느끼는 과목 중의 하나다. 영어지도는 학생들의 취약점을 파악하여 재미있게 가르치는 게 관건이다. 영어지도에서는 단어, 문법, 문장이해, 듣기, 읽기, 쓰기, 말하기 등으로 나눠서 문제를 파악하고, 해당 문제에 개입하기 위해 학습동기를 높이며, 학습방법을 가르쳐야 한다. 보통 영어가 취약한 학생들은 한두 가지 문제를 겪는 것이 아니라 복합적인 어려움이 있기 때문에 가능한 한 학습동기를 높이고 재밌는 학습방법을 쓰도록 주의해야 한다. 다음 〈활동 8-5〉는 단어, 문법, 듣기, 쓰기, 말하기까지 포함한 활동 예시다. 비슷한 방식으로 다양한 활동을 통해 영어지도를 할 수 있을 것이다.

활동 8-5   원어로 영화 보기

활동 목표	① 영어를 공부하면 좋은 점에 대해 생각해 본다. ② 영어에 대한 거부감을 줄이고 흥미를 높인다.
활동 내용	① 준비된 영어로 된 영상물 '심슨' 처럼 적당한 길이면서 시리즈로 된 것이 좋음)을 보고 질문지에 답할 것이라고 알린다. ② 우선 자막 없이 영어로 된 영상물을 보여 주고 대략 내용을 이해하게 한다. ③ 자막을 보여 주는 분량은 이해수준이나 집중도에 따라 조정해서 제시한다. 예를 들어, 30분짜리 영상자료이면 앞 15분 분량은 자막 없이 보다가 다시 처음으로 가서 자막을 보여 주면서 전체를 보게 한다. ④ 영상물을 다 보고 나서는 질문지를 풀게 한다. 질문지에 영어로 물어보는 문항을 만들어서 선생님에게 단어나 문장 등을 질문하게 한다. 질문지는 미리 보고 만들어 오는 것이 좋다. ⑤ 문제를 다 풀고 나서 질문지에 쓴 의견을 교환하거나 학생들에게 발표할 수 있도록 한다.
유의 사항	① 질문을 추상적으로 만들면 학생들이 답변하기 어려우므로 구체적으로 구성해야 한다. 　• 추상적 질문: 이번 영화는 어땠나요? 무슨 교훈을 얻을 수 있을까요? 　• 구체적 질문: 마음에 드는 등장인물은 누구이고 이유는 왜인가요?

유의 사항	배경은 무슨 계절이고 영어로는 어떻게 표현할까요? 이 영화를 보고 난 자신의 느낌을 색깔로 표현하면 무슨 색일까요? ② 영어에 대한 반감과 두려움을 줄이기 위해 학생들이 편하게 볼 수 있는 영상물을 선정하는 것이 좋다.

(3) 수학영역 지도

상당히 많은 학생이 학년이 올라가면서 수학에서 부진한 모습을 보인다. 수학 과목은 점차 어려워지면서 어느 순간부터 진도가 빨라지고 수준도 높아진다. 자신도 모르는 사이에 점점 이해가 안 되는 부분이 많아지고, 어렵고 따라가기 힘들게 된다. 수학에서는 학생들이 선행학습에서 어떤 부분이 부족한지와 현재 수행수준을 파악하고 근본적인 문제를 해결할 수 있는 방법을 도입하여 학업문제를 해결해야 한다. 수학 과목을 지도할 때 가장 효과적인 방법 중 하나가 오답노트 정리인데 〈활동 8-6〉을 참고한다. 오답노트는 수학뿐만 아니라 다른 과목에서도 손쉽게 적용할 수 있는 방법이니 잘 숙지하고 활용하도록 한다.

활동 8-6　　오답노트 정리(〈부록 12〉 참조)

활동 목표	① 자주 틀리는 문제를 확인하고 도전하는 마음을 가진다. ② 자주 틀리는 문제를 완벽하게 이해하는 과정을 경험한다.
활동 내용	① 학생들이 틀린 문제를 소단원 단위로 공책 한 면에 4개씩 적고, 문제를 다시 풀게 한다. ② 풀기 어려워하는 문제는 다시 설명해 주고 한 번 더 풀어 본다. ③ 다시 풀 때 뒷면에 풀이과정을 적고 이해하는 방법으로 오답노트를 만든다. ④ 어려운 문제를 함께 하면서 할 수 있다는 심리적 지지와 내용에 대한 자세한 설명을 함께 한다.
유의 사항	① 오답노트를 왜 만들어야 하는지를 잘 설명해서 참여 동기를 높인다. ② 한 번은 같이 만들어 보면서 구체적인 과정을 가르쳐 준다. ③ 학생들이 자신이 틀렸던 문제를 다시 틀리는 이유를 확인하면서 문제의 풀이과정에서 더욱 노력할 수 있게 지도한다.

제9장
진로지도

나의 진로는 어떻게 될까?

좋은 성적, 좋은 대학이 좋은 진로 방향일까?

좋은 대학에 가야만 좋은 직장에 갈 수 있을까?

부모님께서 하라는 대로만 하면 되는데 진로 걱정을 할 필요가 있을까?

진로는 인생 전반에 걸쳐 끊임없이 고민되는 부분이다. 특히 청소년은 진로와 관련된 수많은 질문과 고민을 하게 된다. 진로는 청소년뿐만 아니라 모든 사람에게 중요한 주제이고, 특히 인생의 초석을 다지는 청소년에게는 더 중요할 수밖에 없다. 그런데 많은 사람이 좋은 진로에 대해 착각하고 있다. 앞에서 본 것처럼, 학창시절에 좋은 성적을 얻으면 나중에 행복해질 수 있다고 생각하는 사람들이 상당히 많다. 하지만 다각화, 국제화로 변화하는 현대사회에서는 학업성적 외에도 더 많은 자질과 능력을 요구하고 있다. 즉, 성적이 중요하지만 성적이 전부가 아니라 성적 이외에도 다양한 기준으로 진로·직업을 선택하게 된다. 결국 삶의 질은 어떤 일을 선택하느냐에 따라 달라지고, 행복한 삶을 위해 자신이 원하는 일에 대해 정확히 알고 성취하는 것이 중요하다. 청소년이 자신의 삶을 설계하여 노력할 수 있도록 지도하는 것이 진로지도의 중요한 목표라고 볼 수 있다.

1. 진로지도의 필요성

진로란 한 개인이 일생 동안 일과 관련해서 경험하고 거쳐 가는 모든 체험을 의미한다(김계현, 1997). 진로지도는 다양한 장면에서 사람들의 진로발달을 자극하고 자기개발을 촉진하기 위해 수행하는 활동이다. 많은 진로상담 이론에서 말하는 진로지도란 개인이 만족스럽고 생산적인 삶을 누릴 수 있도록 진로에 대한 방향을 세우고 선택하며, 그에 대한 준비를 하고, 선택한 진로·직업영역에 들어가 계속적인 발달을 꾀할 수 있도록 돕기 위하여 제공되는 일체의 경험이다. 즉, 개인이 직업의 만족과 행복한 삶을 누릴 수 있게 다양한 활동이나 경험을 제공하는 것인데, 예를 들어 진로와 관련된 흥미·적성 탐색, 진로 가치관 명료화, 진로계획 수립, 진로 의사결정 등 다양한 활동을 통해 개인의 진로발달을 촉진하는 것이다.

진로에 대해 고민하고 준비하는 사람과 그렇지 않은 사람은 인생에 대한 준비에서 많은 차이를 보이게 된다. 자신이 잘하는 일, 원하는 일, 재미있게 할 수 있는 일 등에 대해 일찍 알게 된다면 그런 일을 하기 위한 준비를 빨리 할 수 있다. 그렇지 않은 사람들은 정작 직업을 가지고도 과연 이 일이 나한테 맞는지 의구심을 가지게 되고 직업적응에 어려움을 겪는다. 이후 직업이 자신과 맞지 않다는 것을 확인하면 그때부터 다시 탐색하여 새로운 직업영역에 진입하게 된다. 주변에서 이런 두 가지 모습을 흔히 볼 수 있는데, 대부분의 사람들이 전자의 방식에 대해 더 긍정적이라고 생각한다. 이런 의미에서 진로지도는 삶의 방향을 결정하고 직업에 대한 준비를 시킬 수 있는 효과

〈표 9-1〉 청소년의 주요 고민사항[1]

순위	정원식 (1985)	청소년연구원 (1991)	김병숙 · 김봉환 (1994)	직업능력 개발원 (2001)	한국청소년 상담원 (2003)	서울청소년 통계 (2007)
1	진로	성적	성적	장학/취업	진로	성적
2	성적	진로	진로	학업/성적	학업	직업/진로
3	성격	성격	친구/이성	이성	친구/이성	외모
4	친구	이성	건강	성격	성격	성격
5	건강	친구	가정문제	적응	가정문제	가정환경

적인 방법이라고 본다.

일반적으로 청소년기에는 다양한 고민거리가 있는데 그중에서도 특히 학업이나 진로·직업과 관련된 고민사항은 다른 영역보다 더 중요하게 느낀다(〈표 9-1〉 참조). 그만큼 청소년기는 미래에 대한 고민과 현재의 학업, 향후의 진학·직업과 밀접한 연관성이 있기 때문이다. 따라서 진로지도를 통해 학생들이 더욱 적극적으로 자신의 미래를 준비할 수 있도록 도와야 한다.

청소년기의 고민은 누구나 한 번쯤, 그리고 당연히 해 봤던 고민이다. 학생들은 실제로 이렇게 자신의 요구를 표출하고 있는데 정작 학교에서는 구체적인 지도를 제시하지 못하고 있는 실정이다. 이는 입시위주의 교육체제의 영향으로 포괄적인 진로지도보다 진학지도에 더 많은 비중을 두고 있기 때문이다(김계현 외, 2000; 이재창, 1997). 또한 진로문제는 개인차가 크고 매우 포괄적인 영역이므로 일일이 지도하기가 쉽지 않기 때문이다. 그러므로 보다 다양한 방식, 다양한 장면에서 적극적으로 진로지도를 해야 한다.

1) 출처: 김계현 외(2009). 학교상담과 생활지도.

2. 진로지도의 목표와 내용

청소년은 진로와 관련하여 다양한 고민을 하는데, 그들의 다양한 진로고민에 대해 무엇을 어떻게 지도할 것인가? 이 질문에 답하기 위해 진로지도의 목표와 내용을 우선 확실히 할 필요가 있다.

진로지도의 목표는 크게 두 가지 측면에서 볼 수 있는데, 한 가지 측면은 발달단계(학급)별로 보는 것이고, 다른 한 가지는 진로·직업영역의 핵심요소로 내용을 파악할 수 있다. 우선, 학급별로는 초·중·고등학교별로 청소년에게 필요한 내용을 확인할 수 있는데, 아동·청소년 시기의 발달적인 특성과 발달과업에 따라 그 목표와 내용이 달라진다. 초등학교 시기는 흥미와 능력을 중요하게 생각하고 흥미위주로 직업을 바라보게 되므로, 초등학생을 대상으로 진로지도를 할 때에는 다양한 흥미의 개발, 다양한 직업의 종류에 대해 아는 것이 중요한 진로지도의 목표다. 그 외에도 일과 직업에 대한 바람직한 태도, 가치관을 형성하는 것을 중요한 지도내용으로 볼 수 있다.

중학교 단계에서는 자신에 대해 보다 적극적으로 탐색하고, 자신의 능력, 흥미, 직업적 가치를 확인하여 자신에게 맞는 직업이 무엇인지, 현실적으로 가능할지 등을 고려하게 된다. 따라서 중학생을 대상으로 진로지도를 할 때에는 자신의 성격, 흥미, 능력, 직업적 적성 및 가치관을 적극적으로 탐색할 수 있게 기회를 제공하고, 자신에게 적합한 직업이 무엇인지를 알아 가는 것이 필요한 지도내용이 될 것이다.

고등학교 단계에서는 학생들이 보다 더 실제적으로 직업과 미래를 고민한다. 원하는 직업을 얻기 위해서 어떤 교육이나 직업훈련이 필요한지, 자신의 능력과 현실적인 여건에 따라 얼마나 실천 가능한지 등을 보다 구체적으로 탐색하고 실천하기 위한 효과적인 방법을 모색하는 시기라고 할 수 있다. 즉, 이 시기의 청소년은 대학 진학과 향후의 직업을 매우 실질적으로 판단하고 준비하며 자신의 미래계획을 구체적으로 설계해 나간다.

각 발달단계에서 학생들이 스스로 자연스럽게 하는 부분도 있지만 전문적인 교육이나 주변 사람들의 조언으로 움직이는 경우도 많다. 따라서 진로지도에서 학생들에게 필요한 단계별 지도목표와 지도내용이 무엇인지를 숙지하고, 자신의 경험에 비추어 청소년들이 진로에 대해 더 현실적이고 구체적으로 생각할 수 있게 지도해야 한다. 각급 학교수준에 따른 진로지도의 목표와 내용을 정리해 보면 〈표 9-2〉와 같다.

다른 한 가지 측면은 진로지도의 핵심요소 위주로 그 목표와 내용을 확인하는 것이다. 진로지도의 기본적인 모델은 파슨스(T. Parsons)의 특성-요인이론이라고 볼 수 있다. 파슨스의 이론에서는 우선 자기이해를 통해 자신의

〈표 9-2〉 학교수준별 진로지도의 목표와 내용

학교수준	진로지도의 목표와 내용
초등학교	• 자기이해(장점, 가치관, 능력, 흥미 등) • 일의 세계(직업의 다양성, 직업의 역할 등) • 일에 대한 긍정적인 태도 • 일이나 직업의 경제적 측면 이해 • 일이나 직업의 교육적 측면 이해
중학교	• 초등학교 단계의 진로교육을 지속적으로 하기 • 자신에 대한 현실적인 이해 증진 • 정확한 정보, 잠정적 진로목표, 정확한 자기평가에 근거한 진로계획 수립 및 실행 • 긍정적인 자아개념의 발달과 직업과의 연계 • 의사결정과 문제해결 능력의 증진 • 직업정보 및 탐색적인 경험의 확대
고등학교	• 자신의 능력, 적성, 흥미, 경제적 여건, 직업포부, 중요한 타인들의 의견 등을 고려하여 자신의 진로를 선택하고 개척하기 • 자신에게 맞는 직업에 대한 잠정적인 결정 • 자신의 미래계획을 구체적으로 설계하기 • 진로계획과 그 결과에 대한 책임 • 고등학교 이후의 교육과정과 진로방향에 대한 계획을 구체화하기

성격, 적성, 흥미, 가치 등을 탐색하고, 다음으로는 직업세계에 대한 정보를 수집하여, 자신과 직업세계에 대한 정보의 통합으로 진로·직업을 선택한다고 본다. 즉, 자기이해, 직업세계의 이해 그리고 개인과 직업의 매칭 또는 직업으로의 진입으로 그 내용을 설명하고 있다. 이 이론에서 볼 수 있듯이 개인이 직업에 진입하기 위해서는 자신의 다양한 특성을 이해할 뿐만 아니라 직업세계에 대한 이해도 충분히 있어야 한다. 청소년 진로지도에서는 원하는 직업이 무엇인지를 확인하고, 그 직업에 진입하기 위해서는 자신과 직업에 대해 객관적이고 정확한 이해가 필요하다. 그러한 탐색이 충분히 이루어지고 나서 직업 진입을 위한 구체적인 준비와 실천을 하도록 하고, 이 과정에서는 기본적으로 일이나 직업에 대해 올바른 가치와 태도를 갖는 것이 필요하며, 충분한 정보 탐색과 활용으로 합리적인 의사결정과 실천을 해야 한다. 종합해 보면 아동·청소년기의 진로지도 목표는 다음과 같다.

- 다양한 교육, 직업 정보를 통해 학생들의 진로의식을 촉진한다.
- 학생들에게 해당 발달단계의 진로지도를 제공한다.
- 학생들의 진로영역의 취약점을 확인하고 진로지도를 제공한다.
- 진로·직업에 대한 긍정적 태도를 기르고, 진로계획을 돕는다.

3. 청소년의 진로문제

청소년의 진로문제가 학교교육 단계에서는 진학문제로 구체화될 가능성이 크지만 외현적으로 크게 문제로 보기는 어려운 경우가 있다. 즉, 청소년은 지속적인 진학 이외에 구체적인 진로전환을 경험하는 경우는 드물기 때문에 진로문제라고 정의하기는 이른 단계라고 할 수 있다. 그러나 문제가 구체화 또는 외현화되지 않았다고 해서 문제가 없는 것은 아니고, 당장 드러난 문제

로 보기 어렵다는 것이다. 이런 의미에서 청소년의 진로문제는 진로지도가
필요한 부분으로 이해해야 한다. 여기에서는 청소년기의 진로를 이해할 때
진로성숙과 관련된 발달적 관점으로 설명하기로 한다.

청소년기에 진로와 관련된 핵심적인 부분이 진로성숙이라고 할 수 있다. 슈
퍼(D. E. Super)는 진로성숙이 개인의 연령수준에 적합한 발달과업의 수행 준
비도라고 하였다. 진로성숙은 개인의 진로계획, 진로탐색, 진로결정의 원칙,
직업에 대한 지식 등을 평가하는 주요 영향변인으로 볼 수 있는데(김계현 외,
2009), 이는 생애단계에 따라 부분적으로 발달하게 된다. 진로성숙에 대해 다
양한 개념적 구분이 있지만 여기에서는 슈퍼의 진로성숙도 개념을 위주로 살
펴본다. 진로성숙은 진로계획, 진로탐색, 진로 의사결정, 일의 세계에 대한 정
보, 선호하는 직업군에 대한 지식으로 구성된다. 앞에서 살펴봤던 교육의 목
표와 내용에서 제시한 것처럼 각 발달단계별로 발달내용이 잘 형성되었는지
가 성숙의 수준이라고 할 수 있다. 이를 [그림 9-1]과 같이 나타낼 수 있다.

진로성숙의 개념에서 볼 수 있듯이 진로지도에서 진로계획, 진로탐색, 진로
의사결정, 일의 세계에 대한 정보, 선호하는 직업군에 대한 지식들이 단계별
로 지속적으로 이루어져야 성숙한 진로발달이 이루어졌다고 볼 수 있다. 이러

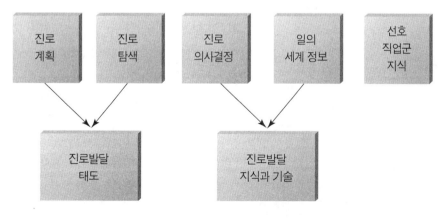

[그림 9-1] 진로성숙의 하위영역

〈표 9-3〉 진로발달에서의 문제점

진로성숙 영역	진로발달에서의 문제점
진로계획	• 진로계획 없음 • 진로준비 동기 부족
진로탐색	• 자기탐색 부족 • 직업탐색 부족
진로 의사결정	• 진로 의사결정에 대한 준비 부족 • 신로 의사결정의 내용 및 과정의 문제 • 진로 의사결정 기술의 문제
일의 세계에 대한 정보	• 일의 세계에 대한 지식 · 정보 부족
선호하는 직업군의 지식	• 선호 직업에 대한 탐색이나 지식 부족

한 발달과정에서 나타날 수 있는 문제는 다음 〈표 9-3〉으로 표현할 수 있다.

그 외의 조사 자료에서 청소년의 구체적인 고민을 보면 다양한 영역과 각 인생단계에 대해 포괄적으로 고려하고 있다. 다양한 사람의 삶의 모습에서 자신의 삶과 미래를 그려 보고 미래에 대한 동경과 환상, 걱정과 우려 등을 자연스럽게 경험하게 된다. 실제 조사에 따르면 청소년 진로문제 유형은 장래희망부터 자격증 취득의 문제, 진학에 따른 현실적 문제, 진로선택에 따른 갈등 등으로 나타나고 있다.

 청소년 진로문제 유형[2]

- 장래에 대한 무계획
- 적성과 소질에 대한 인식 부족
- 희망과 현실의 괴리
- 진로에 대한 두려움이나 압박감
- 진로선택에 따른 갈등
- 진로에 대한 정보를 모름
- 자격증 취득 때문에 생기는 스트레스
- 진학에 따른 현실적 문제
- 결혼에 대한 고민
- 병역에 대한 고민
- 미래에 대한 막연한 두려움
- 인생관 부재

4. 진로지도의 절차와 방법

앞에서 진로지도에 필요한 내용과 청소년이 발달단계에서 보일 수 있는 문제를 살펴보았는데, 진로발달과정에서 지도가 필요한 영역인 것은 분명하나 구체적인 문제로 외현화되지 않았다는 점을 감안하면 보다 교육적이고 예방적인 접근이 필요하다. 구체적인 지도를 하기 이전에 학생들의 현재 발달수준과 발달 정도를 확인하고 지도 프로그램을 도입하는 것이 더 효과적이다. 구체적인 절차는 [그림 9-2]와 같다.

이 절차에 따라 청소년의 진로를 지도할 때, 우선 해당 학생의 발달단계를 확인하고 현재 수준에서 지도할 내용을 〈표 9-3〉을 참조하여 확인한다. 그리고 학생의 취약점을 점검할 때 〈표 9-4〉에서 제시한 질문을 활용할 수 있다. 취약점을 확인한 후 해당 문제영역에 적합한 활동을 적절히 선택하여 진로지도를 한다.

활동을 시작하기 전에 어떤 목표로 활동을 구성할지에 대해 준비하고 학생과 함께하는 데 필요한 활동자료를 준비한다. 활동은 다음의 〈표 9-4〉에서

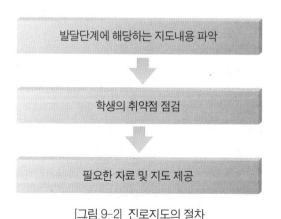

[그림 9-2] 진로지도의 절차

---

2) 출처: 김창대, 이명우(1995). 청소년문제 유형분류체계 II.

제시한 진로지도 영역과 주제별 세부 질문에 대해 답할 수 있는 내용으로 구성하고 매 회기 활동목표를 정해서 활동을 진행한다.

〈표 9-4〉 진로문제 파악을 위한 질문

진로지도 영역	주제별 질문
진로계획	• 직업은 우리에게 어떤 이점을 가져다주는가? • 직업이 없으면 어떻게 되는가? • 고등학교, 대학교를 졸업해서 어떤 직업을 갖고 싶은가? • 그 직업을 갖기 위해 어떤 학교에 가야 하고, 무슨 과에서 공부해야 하는가?
진로탐색 (개인, 직업)	• 나의 성격은 어떻게 표현할 수 있을까? • 나의 성격에 맞는 직업은 어떤 것인가? • 직업과 관련된 나의 흥미와 적성은 무엇인가? • 어떤 가치관으로 직업을 선택할 것인가? • 부모님은 어떤 기대를 하시는가? • 관심직업들이 주로 어떤 일을 하는가? • 관심직업을 가지려면 어떻게 준비를 해야 하는가? • 현실적으로 그 직업들이 얼마나 가능한가?
진로 의사결정	• 어떤 진로방향이나 직업이 자신에게 최선의 선택인가? • 진로 의사결정을 하려면 어떤 정보들이 필요한가? • 진로 의사결정을 할 때 참고할 만한 타인의 의견은 무엇인가?
일의 세계에 대한 정보	• 직업의 종류는 얼마나 있는가? • 자신에게 맞는 직업은 어떤 것인가? • 직업을 가지면 어떤 장점과 단점이 있는가? • 사람들은 언제 어떤 방식으로 직업을 가지는가? • 직업에서는 어떤 사람을 요구하는가?
선호하는 직업군에 대한 지식	• 많은 직업 중에서 선호하는 직업은 무엇인가? • 무엇을 보고(느끼고) 관심을 가지게 되었는가? • 관심직업을 가지려면 어떤 교육과 자격이 필요한가? • 그 직업을 가지려면 어떤 능력이 요구되는가? • 관심직업은 어떤 장점과 단점이 있는가? • 관심직업의 보수나 근무환경은 어떠한가?

5. 진로지도 활동

진로지도의 절차와 방법에서는 무엇을 어떻게 지도할지에 대해 생각해 보았다면 여기에서는 어떤 활동을 할 수 있는지를 간략하게 소개한다.

1) 진로 목표 및 계획 설정

활동 9-1   미래 명함 만들기

활동 목표	자신이 꿈꾸는 미래를 떠올려 보고 미래의 명함을 만들어 봄으로써 진로목표를 확인한다.
활동 내용	① 고등학교나 대학교 졸업 후, 또는 10~20년 뒤에 어떤 직업을 가질 것인지에 대해 생각해 본다. ② 사전에 준비한 명함 크기의 두꺼운 색종이를 나눠 준다. ③ 자신의 직업과 직책을 적어서 명함을 만들게 한다. ④ 다 만든 명함을 공개하고 소감을 나눈다. 　• 해당 직업을 택한 이유 　• 자신의 장단점, 특기, 흥미 등과의 연관성 　• 어떻게 그 직업에 진입할 수 있었는지 　• 해당 직업에 진입하는 데 어려움이 무엇인지 　• 어려움을 극복할 의욕과 노력이 무엇인지 등 ⑤ 경우에 따라 자료를 더 찾게 하거나 찾아서 제공해 준다.
유의 사항	① 여러 명이 같이 활동하는 경우 시간배분을 균등하게 하여 소외감을 느끼지 않도록 한다. ② 화제가 쉽게 연예인이나 운동선수 등 특수 직업으로 흘러갈 수 있기 때문에 다양한 직업, 직업인을 다루도록 한다.

○○주식회사

홍 길 동대리

주소: 서울시 종로구 안국동 ○○빌딩 ○○○호
핸드폰: 010-0000-0000 이메일: ○○○○@○○○○.com

활동 9-2 미래의 꿈을 이야기하기[2]

활동 목표	① 자신의 미래에 대해 생각해 보고 꿈과 소망을 그려 본다. ② 자신에게 무엇이 소중한 가치인지 생각해 보고 친구들과 함께 나눔으로써 꿈을 구체화시켜 나간다.
활동 내용	① 학생들에게 백지 한 장씩을 나누어 준다. ② 학생들에게 편한 자세를 취하고 눈을 감게 한다. 그리고 다음과 같이 이야기한다. "여러분에게는 무한한 자유가 있고 이 세상의 모든 것을 스스로의 재량하에서 할 수 있습니다. 원하는 곳은 어디든지 갈 수 있고, 어떤 일이든지 할 수 있으며, 어떤 역할도 할 수 있습니다. 여러분이 가장 하고 싶은 것을 하나씩 상상해 보십시오." 5분 정도 경과한 후 눈을 뜨게 한다. ③ 상상했던 것을 백지에 기록하고 발표하게 한다. ④ 한 사람의 발표가 끝난 다음 다른 사람들은 그것에 반응하고 피드백한다. ⑤ 계속해서 돌아가면서 발표하고 다른 사람들은 반응하고 피드백한다. ⑥ 발표와 피드백이 끝난 후 이 활동에서 배우거나 느낀 점을 이야기한다.
유의 사항	교육봉사자는 대부분의 꿈이 달성 가능하다는 것에 주목해야 한다. 혹시 도저히 실현 불가능한 꿈, 가령 독재가가 된다든지, 죄수가 된다든지 등의 공상을 하는 사람이 있다면, 왜 그런 꿈을 갖게 되었는지 배경탐색을 통해 미래의 꿈이 실생활의 연장이 될 수 있도록 지도한다.

---

2) 출처: 황경열(1992). 집단상담의 초기단계에서 활용될 수 있는 기법과 활동.

활동 9-3　　진로계획을 위한 학업점검(〈부록 13〉 참조)

활동 목표	① 학업과 진로를 연계시켜 학업동기를 증진한다. ② 다양한 교육, 직업 정보를 탐색한다. ③ 각 과목이 어떤 직업과 연결되는지 생각해 본다.
활동 내용	① 명함 만들기 활동의 내용을 활용하여 학업과 진로를 연결시킨다. ② 해당 진로를 성취하기 위해 어떤 교육이나 학과에 가야 하는지를 알아본다. ③ 관련 교육과 학과에 가기 위해 준비해야 할 것을 확인한다. ④ 어떻게 공부해야 진학(취업)할 수 있는지를 확인해 본다.
유의 사항	① 가능한 한 컴퓨터 등 정보를 검색할 수 있는 공간에서 진행한다. ② 직업을 위한 학업준비를 고려하여 학습동기를 고취시킨다. ③ 학습된 무기력을 유발하지 않도록 주의한다.

활동 9-4　　진로계획 세우기(〈부록 14〉 참조)

활동 목표	① 학업점검 후 목표 달성을 위해 구체적인 계획을 세운다. ② 관련 학과 및 희망직업을 보다 구체적으로 생각해 본다.
활동 내용	① 사전에 희망직업에 대해 생각해 보도록 안내한다. ② 활동자료에 희망직업, 자신의 특성, 관련 학과 및 장애요소에 대해 써 본다. 　• 희망직업 대차대조표를 작성한다. 　• 희망 직업/학과/대학 3개를 선택한다. 　• 진로목표 달성에 예상되는 진로장애물을 확인한다. ③ 학생들이 잘 모르는 정보가 있다면 찾아서 안내한다. ④ 같이 이야기를 나누면서 진로계획을 보다 구체적으로 세울 수 있도록 지도한다.
유의 사항	① 가능한 한 컴퓨터 등 정보를 검색할 수 있는 공간에서 진행한다. ② 중 · 고등학생에게 적합하며 특히 고등학생에게는 적극 추천한다.

2) 프로그램 활용 및 정보탐색

　진로탐색은 다양한 방법이 있으나 여기에서는 한국직업능력개발원 커리어넷(www.careernet.re.kr)의 프로그램을 소개하고자 한다. [그림 9-3]은 커리어넷의 초기화면인데, 이 사이트에서 초·중·고등학생, 대학생 및 성인 를 위한 진로지도를 제공한다. 특히 초·중·고등학생에게 다양한 심리검사 와 프로그램으로 종합적인 진로지도를 제공하고 있다. 화면 좌측 하단에 있 는 아로주니어, 아로주니어플러스, 아로플러스 등의 프로그램을 활용하면 재미있고 유익한 시간이 될 것이다. 특히 초등학생의 경우 구체적인 진로목 표를 설정하는 것보다 직업에 대한 건전한 생각, 자기이해, 직업세계 이해 등이 주 활동목표다. 초등학생 진로지도의 목표에 따라 커리어넷에서 제공 하는 프로그램을 활용할 것을 추천한다.

[그림 9-3] 한국직업능력개발원 커리어넷 초기화면

그 외에도 많은 자료를 활용할 수 있는데, 다양한 인터넷 자료를 통해 유익한 정보를 얻고 활동목표에 따라 다음과 같은 재밌는 활동을 할 수 있다.

- 직업정보 사이트에서 심리검사를 해 보고 자기이해를 증진하기
- 나의 검사결과와 맞는 직업 찾아보기
- 관심직업에 대한 상세한 정보를 정리해 보기
- 나의 이상형인 직업을 가진 사람들의 인터뷰 찾아보기
- 하고 싶은 직업의 좋은 점, 나쁜 점을 찾아서 정리해 보기
- 직업훈련과정을 담은 동영상을 찾아보고 소감 정리하기

- 교사들이 나누는 진로정보, 학교진로상담센터 www.ecareerschool.com
- 공부와 학습의 모든 것, 에듀넷 www.edunet4u.net
- 진로관련검사 모음, 워크넷 www.work.go.kr
- 전문대정보, 한국전문대학교육협의회 www.kcce.or.kr
- 성공한 직업인의 수기 모음, 커리어인넷 www.careerin.net
- 상담의 공간, 한국청소년상담원 www.kyci.or.kr
- 전문계 고교 진학지도정보, 패스앤조이 www.passnjoy.co.kr
- 자격증의 모든 것, 큐넷 www.q-net.or.kr
- 고시의 모든 것, 고시넷 www.gosinet.co.kr
- 행정안전부 사이버국가고시센터 www.gosi.go.kr

제10장
대인관계 지도

> 차디찬 손을 맞잡고, 따뜻한 말들을 함께 나누고, 착한 일을 서로 권하는 것이야
> 말로 참다운 우정의 모습이다.
>
> – 피타고라스

사람과 사람이 만나서 상호작용하는 모든 만남에서 대인관계 기술은 가장 기초적이면서도 중요한 배움의 내용이다. 초·중·고등학생을 대상으로 진행하는 교육봉사에서도 예외일 수는 없다. 특히 인격이 형성되어 가는 발달단계에 있는 학생들에게는 또래와의 관계에서 신뢰를 형성하고 우정을 쌓아가는 것이 주요한 발달과업 중 하나이고, 부모님이나 선생님 같은 윗사람과의 관계에서 자신의 생각과 느낌을 분명하게 전달하는 것도 배워야 할 중요한 대인관계 기술이다. 또한 이는 이후 성인이 되어서의 대인관계 형성에도 큰 영향을 미치게 되므로, 교육봉사자는 이 시기에 있는 학생들의 대인관계 지도에 특별히 더 주의를 기울어야 한다. 자신의 대인관계를 돌아보고 자신을 도구 삼아 봉사대상자들과 신뢰로운 대인관계를 맺고, 적절한 대인관계

기술을 통해 상호작용함으로써 봉사대상자들에게 좋은 모델링을 제공할 수 있어야 할 것이다.

1. 대인관계의 중요성

인간은 사회적 상호작용을 통하여 점차 자아를 형성해 나가는 사회적 동물이다. 그러므로 인간의 존재 자체에 상호작용이 전제되어 있고, 그 상호작용을 통해 생물학적 존재에서 사회적 존재로 발달할 수 있다. 즉, 한 개인이 맺게 되는 타인과의 관계가 어떠한가에 따라 개인의 정체성과 건강한 인격 발달에 지대한 영향을 미치게 된다.

오늘날과 같이 급격하게 변화하는 사회 속에서는 인간과 인간의 원만한 의사소통이 더욱 절실히 요구되므로 대인관계의 필요성은 점점 더 강조되고 있다. 물질의 풍요로움을 향유하는 대신, 너무나 다양한 삶의 모습 속에서 서로 다른 타인과 의미 있는 대인관계를 형성하는 것은 어려운 과제이자 동시에 필수불가결한 과제다. 흔히 '군중 속의 고독'이라는 말로 표현되는 현대 사회의 인간관계를 극복하는 방법은 적절한 자기표출을 통하여 타인과 의미 있는 대인관계를 형성함으로써 가능하다.

특히 발달단계상 청소년기는 부모와의 애착상태에서 벗어나 새로운 또래 집단이나 이성과의 사회적 관계를 요구하며, 스스로의 목표나 가치를 탐색하여 새로운 자아개념의 구조화와 만족스러운 자아정체감 형성을 위한 탐색을 추구하는 시기로, 올바른 대인관계의 형성은 이 시기 가장 중요한 발달과업 중 하나로 볼 수 있다(한상철, 1998).

2. 청소년의 대인관계

급격히 변하는 현대사회에서 청소년은 다양한 사람과 접촉하면서 복잡한 대인관계 상황을 경험하게 된다. 이러한 대인관계 상황에서 자신의 의사를 분명히 전달하지 못하거나 자연스러운 감정표현을 하지 못하면 좌절감, 우울, 스트레스 등에 시달리게 되고 대인불안이 심화되면 자신에 대한 신뢰감과 성공에 대한 기대감을 갖기 어려워 부정적인 자아개념을 형성하게 된다. 특히 학교현장에서는 학생들의 주요 발달과업 중 학업적 측면을 너무 강조한 나머지 정신적 · 심리적 측면을 소홀히 하는 경향이 있다. 그러나 늘 직면하게 되는 다양한 대인관계 상황에 적절하게 대처하지 못함으로써 갖게 되는 대인불안은 학업성취 또한 방해할 수 있으므로 학생들의 이러한 대인관계적 측면을 간과해서는 안 될 것이다.

학생들이 주로 형성하게 되는 대인관계는 여러 가지 측면에서 고려될 수 있으나 가장 중요한 것은 그들 상호 간의 인간관계라 할 수 있다. 흔히 학생들은 부모나 교사가 자신을 어떻게 보느냐보다 또래 학생들이 자신을 어떻게 보느냐를 더 중요하게 생각한다. 오수벨(D. P. Ausubel)은 이러한 청소년기의 사회성 발달의 특징을 가리켜 지금까지의 부모지향적 사회화에서 또래에 의한 사회화로의 전환기라고 하였다. 즉, 자아중심적인 태도에서 타인의 의견에 흥미를 갖고 서로의 책임과 권리를 이해하며 상호작용하게 되는 과정을 강조하는 것이다(한광희, 1987). 청소년은 친구와의 대화를 통해 대인관계를 학습하고, 집단생활에서 자신을 적절하게 표현하며, 다른 사람을 이해하는 법을 습득하게 된다. 그들의 관심을 가정에서부터 또래의 친구들에게 돌리고, 자신의 요구를 만족시켜 주는 조직에 열성적으로 참여함으로써 사회관계를 넓혀 가며, 이로써 청소년기의 사회적 승인의 욕구와 소속의 욕구를 충족시켜 나가는 것이다. 이와 같이 또래집단의 경험을 통해 집단의 규범과 집단에서 부여되는 역할을 습득함으로써 대인관계에서 바람직한 지향성을 발전시킬 수 있는 기회가 된다. 사회적 적응에 있어 특히 청소년기가 중시되는 것은 이 기간 동안 획득되고 형성되는 사회적응 방식이 성인이 된 이후 개인의 적응양식에 기본이 되기 때문이다.

청소년기가 갖는 이러한 발달적 특징을 '대인관계가 곧 인간의 적응에 직결된다'는 점과 관련시킨다면 청소년기는 대인관계를 통한 사회적 적응이 필요한 결정적인 시기인 셈이다. 그러므로 청소년기에 주어지는 적절한 대인관계 지도는 이들이 독립된 성인으로 사회에 적응해 나가는 데 도움이 될 것이다.

청소년이 대인관계 측면에서 겪을 수 있는 어려움을 정리해 보면 〈표 9-1〉과 같다.

〈표 9-1〉 청소년의 대인관계 호소문제[1]

구 분	호소문제
부모님과의 관계	• 부모의 소홀, 무관심 • 의사소통이 안 됨 • 지나친 관심과 개입 • 차별과 비교로 인한 갈등 • 부모에 대한 무서움 • 부모의 체벌, 구타, 학대 • 부모와 함께 있는 시간이 적어서 발생할 수 있는 문제 • 결손가정에서의 부적응 • 문제부모로 인해 발생하는 문제 • 부모의 능력 부족으로 인한 열등감 • 부모에 대한 반항, 반감, 무시 • 부모에 대한 의존
형제관계	• 비교로 인한 갈등 • 형제간의 불화

---

1) 출처: 김창대, 이명우(1995). 청소년문제 유형분류체계 II.

형제관계	• 형제간의 소외감 • 형제가 없어서 생기는 문제
선생님과의 관계	• 선생님의 차별, 편애 • 체벌과 폭력 • 선생님에 대한 반발과 반항심, 무시 • 선생님을 좋아해서 생기는 문제 • 의사소통이 안 됨 • 선생님에 대한 무서움
동성친구 관계	• 친구 사이의 질투, 시기심 • 친구 사이의 경쟁, 적대감, 불신 • 친구 사이의 열등감 • 친구들과의 다툼, 싸움 • 친구를 못 사귐 • 친구와 과잉 밀착 • 친구들로부터 소외, 따돌림, 무시당함 • 진정한 친구 부재로 인한 외로움 • 친구와 화해를 못해서 생기는 문제 • 갈등적 하위집단 형성 • 나쁜 친구와 어울림 • 폭이 좁은 교우관계 • 친구 과다
이성친구 관계	• 이성에 대한 건전한 관심과 호기심 • 이성에 대한 지나친 관심과 개입 • 짝사랑, 삼각관계, 질투 • 실연, 헤어짐으로 인한 부적응 • 이성친구를 귀찮아함 • 데이트 불안, 이성 불안 • 이성에 대한 잘못된 가치관 • 이성과의 분리불안 • 건전한 이성교제 방법 미숙
선후배 관계	• 동성 선후배를 좋아해서 생기는 문제 • 선배들의 강요와 제재
기 타	• 공동체 생활로 인한 문제 • 상담할 대상의 부재

이러한 어려움의 대부분은 대인관계가 확장되면서 독립된 성인으로서 자아정체감을 형성해 나가고 또한 타인과 더불어 살아가기 위해 겪어야 하는 성장통일 수 있다. 교육봉사자는 청소년이 어떤 어려움을 겪고 있는지 관심 있게 지켜보고, 인생의 선배로서 지혜롭게 이 어려움들을 헤쳐 나갈 수 있도록 지도해 주는 것이 필요하다. 또한 혼자서 해결하기 어려운 문제를 겪고 있는 학생이 있다면 필요한 도움을 청할 수 있도록 지도해야 한다. 도움을 청할 수 있는 기관에 대해서는 7장 실전 FAQ에서 안내한 기관들을 참고하도록 한다.

3. 대인관계 향상을 위한 실전 기술

어떻게 하면 대인관계를 잘 할 수 있을까? 앞에서 언급한 수많은 대인관계 문제는 어떻게 해결할 수 있을까? 대인관계에 있어 정답이 존재하지는 않지만, 대부분의 경우 서로의 생각과 느낌을 충분히 주고받음으로써 개선할 수 있을 것이다. 대인관계는 기본적으로 의사소통을 통해 이루어진다. 의사소통은 자신의 뜻과 생각을 주고받는 연속적인 과정이다. 그렇다면 좋은 의사소통이란 무엇일까? 우선 의사소통은 듣기와 말하기로 이루어진다고 볼 수 있는데, 여기서는 어떻게 듣고 어떻게 말하는 것이 좋은 의사소통의 토대가 될 것인지 알아보고, 연습을 통해 의사소통 기술을 향상시켜 보기로 한다.

1) 관심 기울이기

어느 학급의 학생들은 비언어적 반응을 통해 교수의 행동을 살펴보기로 협의하였다. 이들은 교수가 오른쪽으로 움직일 때마다 위를 쳐다보고 깊은 관심을 보이며 격려하는 웃음을 지었다. 그리고 교수가 왼쪽으로 움직일 때마다 아래를 쳐다보고 종이에 낙서를 하고 기침을 하고 속삭였다. 교수는 이내 오른쪽으로 지나치게 많이 움직이게 되었고, 결국 단상에서 떨어지게 되었다.

이 예는 주목하기의 힘을 보여 준다. 이렇게 대화의 시작은 서로에 대한 관심을 가지는 것에서 비롯된다. 상대방이 전달하고자 하는 생각과 감정을 잘 이해하고 그에 따라 적절한 반응을 하기 위해서는 먼저 상대방의 언어적인 메시지뿐만 아니라 비언어적 메시지까지도 잘 들어야 한다. 내가 상대방에게 관심이 있고, 상대방의 이야기를 잘 들을 준비가 되어 있음을 알려 줌으로써 상대방이 마음을 열고 자신의 감정과 생각을 편안하게 이야기할 수 있도록 촉진할 수 있다.

 이렇게 기억하자! ENCOURAGES[2]

E: 적당한 정도의 눈(eye) 맞추기를 유지한다.

N: 고개 끄덕임(nods)을 적당한 수준으로 사용한다.

C: 주목하기에 있어서 문화적 차이(cultural differences)를 인식하고 존중을 유지한다.

O: 상대방 쪽으로 열린 자세(open stance)를 유지한다.

U: '음(unhmm)' 등의 인정하는 언어를 사용한다.

R: 편안하고(relaxed) 자연스럽게 대한다.

A: 산만한 행동은 피한다(avoid).

G: 상대방의 문법적인(grammatical) 스타일에 맞춘다.

E: 세 번째 귀(ear)로 듣는다(언어적 메시지와 비언어적 메시지를 주의하여 듣는다.).

S: 적절한 공간(space)을 사용한다.

---

2) 출처: 주은선 역(2001). 상담의 기술.

다음 연습을 통해서 상대방이 관심을 기울이는 태도를 보일 때와 그렇지 않을 때 어떻게 다르게 느껴지는지를 함께 경험해 보고, 관심 기울이기의 중요성을 인식하도록 하자.

연습 10-1

관심 기울이기 대 딴청 피우기

1. 두 사람이 서로 짝을 지어 A와 B를 정합니다.

2. 각기 이번 주 동안 나에게 있었던 일 중 가장 기억에 남는 일을 기억해 보고 그 내용을 간단히 적어 봅시다.

3. A가 이번 주 동안 나에게 있었던 일 중 가장 기억에 남는 일을 주제로 2분간 이야기하고 B는 A의 이야기를 듣습니다. 이때 B는 A의 말을 경청하지 않습니다. 다른 곳을 쳐다보거나 손장난을 하는 등 다른 행동을 합니다. 이 연습 후 각자의 소감을 적어 봅시다.

4. A가 이번 주 동안 나에게 있었던 일 중 가장 기억에 남는 일을 주제로 2분간 이야기하고 B는 A의 이야기를 듣습니다. 이때 B는 A의 말을 적극 경청합니다. 이야기를 들으며 눈을 맞추고, 고개를 끄덕이며, "그랬군요" "이해가 갑니다" 등 간단한 피드백을 합니다. 성심성의껏 이야기를 경청한 후 각자의 소감을 적어 봅시다.

5. 이 연습을 통해 느낀 점을 이야기해 봅시다.

6. A와 B의 역할을 바꿔서 한 번 더 해 봅시다.

---

2) 공감적 경청

공감적 경청(empathetic listening)이란 상대방과 상대방의 말에 대한 이해를 높이는 데 필요한 관심 또는 주의 집중, 관찰, 경청을 말한다. 이때 말을 경청하는 것뿐만 아니라 비언어적인 행동을 경청하는 것도 중요하다.

공감(empathy)이란 상대방의 마음으로 다가가는 꾸준한 노력이 있을 때 가능하다. 상대방의 입장이 되어 그의 입장을 이해하는 것이다. 내 입장에서, 내 방식대로, 내 감정대로 이해하는 것과는 다르다. 공감을 제대로 할 수 없는 경우, 대부분 자신의 생각이나 선입관, 자신의 감정이 작용하기 때문에 상대방의 입장을 있는 그대로 이해하지 못하게 되는 것이다. 따라서 쉽게 설명하자면 자기 입장에서 이해한다는 것은 상대방의 진정한 속마음을 이해하거나 공감하지 못하는 것이며, 상대방 입장에서 이해할 때 진정으로 공감이 가능하다. 공감적 경청은, 첫째 상대방의 메시지를 잘 듣고 알아차리며, 둘째 자신이 이해한 바를 전달하는 것까지를 포함한다. 구체적으로 다음과 같이 나누어 표현할 수 있다.

♣ 감정 및 욕구 알아차리기
- 주의를 집중하고 잠시 상대방이 되세요. 상대방의 경험을 함께 하세요.
- 그런 상황에서 느낄 수 있는 감정과 욕구는 어떤 것일까요?

♣ 표현하기
- (상황) ~해서 (감정, 생각) ~하겠어요.
- (소망) ~하기를 바랐을텐데, (실망)이 컸겠어요. 정말 ~하겠네요.

예를 들면, "속상했겠다. 이번에 시험 잘 봐서 엄마한테 자랑하고 싶었는데……. 나름대로 열심히 했는데 기대에 못 미쳐서 기운 다 빠졌겠네."라고 표현할 수 있을 것이다.

이렇게 기억하자! 어기역차[3)

예)

어: 어떤 이야기인지 잘 들어 줍니다.

기: 기분을 알아 줍니다.

역: 입장 바꿔 생각해 봅니다.

차: 생각의 차이를 인정해 줍니다.

예)

어: 네가 그렇게 말하는 것을 들어 보니 뭔가 그럴 만한 이유가 있는 것 같다. 좀 더 네 생각을 이야기해 주겠니?(좀 더 듣기)

기: 그래서 그렇게 화가 났구나!

역: 내가 네 입장에서 생각해 보니 그럴 수도 있을 것 같아. 정말 힘들었겠다.

차: 그래, 너는 그렇게 생각하는구나. 나는 다르게 생각했는데, 네 입장에서는 그렇게 생각할 수도 있을 것 같아.

다음 연습을 통해 상대방의 입장을 이해하면서 공감적으로 경청하고, 마음을 담아 공감을 표현해 보도록 하자.

연습 10-2

공감적 경청

1. 다음의 이야기를 경청하고 공감을 표현해 봅시다.

• "나는 정말 지금 학교생활이 너무 힘들어. 신경 쓸 것이 너무 많아 집중하기가 어려

---

3) 출처: 이상희, 노성덕, 이지은(2006). 청소년 상담연구 〈중학교용 또래상담 프로그램〉.

워. 엄마는 병원에 계시고, 곧 돌아가실 수도 있기 때문에 엄마와 함께 있기를 바라. 그래서 엄마 생각할 때마다 일에 몰두하기가 어렵거든. 그런데 엄마를 가장 화나게 하는 것은 내가 나쁜 성적을 받아 학업을 마치지 못하는 것이야."

• "우리 선생님은 진짜 이해가 안 되요. 하루에도 기분이 몇 번씩 바뀌는지…… 이랬다 저랬다 진짜 열받아요."

2. 각자의 공감적 표현을 발표해 보고, 어떤 공감이 가장 마음에 와 닿는지, 그 이유는 무엇인지 얘기해 봅시다.

3) 나 중심으로 표현하기: 나 전달법

나 전달법(I-message)[4]이란 대화를 시작할 때 주어를 '너(You)' 대신 '나 (I)'로 시작하는 방법이다. 즉, 상대방의 행동을 비난하거나 비판하지 않고 내 생각이나 느낌을 진실하게 표현하는 나 중심의 표현법을 말한다. '너'로 시작하는 너-전달법은 대화의 걸림돌이 되어 감정을 상하게 하고, 잘못을 인정하기보다는 같이 비난하게 되어 서로의 관계를 악화시킬 수 있다.

나-전달법은 세 가지 구성요소가 있다. 우선, 문제가 되는 상대방의 행동과 상황을 구체적으로 말하고 상대방의 행동이 나에게 미친 영향을 구체적으로 말한다. 그리고 나서 그런 영향 때문에 생긴 자신의 감정을 솔직히 말한다.

예를 들면, 다음과 같은 대화법이다. "네가 약속시간에 늦어서 기다리는 동안 무슨 일이 있나 해서 걱정했어. 그동안 아무것도 할 수 없어서 그냥 초

---

4) 토머스 고든(Thomas Gordon)이 제시한 P.E.T(Parent Effectiveness Training) 부모역할훈련에서 처음 사용.

조하게 기다렸어." 이런 대화법은 상대방이 늦게 온 것에 대한 비난을 하지 않으면서도 자신의 마음을 충분히 전달하여 상대방이 자신의 문제행동을 인식하고 고칠 수 있도록 할 수 있다.

I-message = 행동 + 영향 + 감정

나 전달법은 구체적으로는 나음과 같이 3단계로 나누어 표현할 수 있다.

① 문제가 되는 상대방의 행동과 상황을 구체적으로 말한다. 이때 어떤 평가나 비난의 의미를 담지 말고, 객관적인 사실만을 말하는 것이 좋다.
  예) "네가 선생님한테 자꾸 말대답을 할 때……." (○)
    "네가 선생님한테 건방지게 자꾸 말대답을 할 때……." (×)

② 상대방의 행동이 자신에게 미친 영향을 구체적으로 말한다.
  예) "유진이가 말도 없이 자주 결석하니까 선생님은 유진이를 계속 기다리고 있어야 하네." (○)
    "유진이가 말도 없이 자주 결석하니까 선생님이 참 힘들어." (×)

③ 그러한 영향 때문에 생겨난 감정을 솔직하게 말한다.
  예) "수빈이가 지난번에 결석해서 무슨 일이 생겼는지 궁금했어." (○)
    "수빈이 넌 지난번에 도대체 왜 결석한 거야?" (×)

이제 연습을 통해 나 전달법으로 표현하는 것을 익혀 보도록 하자.

연습 10-3

나 중심으로 표현하기[5)]

다음의 상황에서 당신이라면 어떻게 할지 생각해 봅시다.

> 친구가 급히 필요하다고 돈 10만 원을 빌려 달라고 한다. 10일 후 아르바이트 비가 나오면 바로 갚겠노라고. 하지만 이 친구, 예전에도 3만 원, 5만 원씩 소소하게 빌려 가고 안 갚은 적이 벌써 몇 번이던가? 말도 못하고 참고 있지만, 이번에는 기필코 거절하리라 마음먹는다.

1) 위의 사례에서 돈을 빌려 달라는 친구에 대해 드는 생각은?

2) 돈을 빌려 달라는 친구에 대한 나의 느낌은?

3) 내가 만약 위의 상황이라면 어떻게 말할까?

4) 위의 상황에서 가장 바람직한 자기표현을 해 보자.

4) 칭찬하기

> 만약 내가 한 일이 98% 완벽했다면,
> 일을 다 끝내고 나서 내가 기억하는 것은
> 내가 망친 2%뿐.
>
> – 마셜 B. 로젠버그의 『비폭력 대화』 중 –

칭찬은 인간관계를 개선하는 최고의 수단이다. 칭찬을 받는 사람은 기쁘고 즐거워지며, 자신감이 생기고, 고통이 가시거나 줄어들며, 용기가 생긴

---

5) 출처: 황매향, 유정이(2008). 경인지역 구직자를 위한 대인관계능력증진 프로그램 지침서.

다. 뿐만 아니라, 칭찬한 사람에게 호감을 갖게 된다. 칭찬하는 사람은 칭찬을 통해 기쁨의 마음, 감사의 마음, 격려의 마음을 전달할 수 있다.

 이렇게 칭찬하자!

① 칭찬거리를 찾으려면 평소에 상대방의 자질, 성과, 인간적인 면들 중 강점을 눈여겨보는 것이 필요하다.

② 성과에 대한 칭찬이라면 더 잘할 때까지 기회를 기다릴 필요가 없다. 아낌없이 자주자주 표현한다.

　예) "오늘 발표 참 잘했어." "옷이 참 이쁘구나"

③ 이왕이면 구체적으로 근거를 들어 주면 좋다. 단순히 사실만 칭찬하면 듣는 사람은 이유를 궁금해하거나 때로는 무슨 다른 의도를 가지고 칭찬을 하는 것은 아닌지 의심할 수도 있기 때문이다.

　예) "오늘 발표 너무 좋았어. 간결하면서도 논리정연해서 귀에 쏙쏙 들어오더라고."

④ 성품이나 인격에 대한 칭찬은 그 사람에 대한 진심 어린 관심의 표현이다. 진심을 담아 사랑하는 사람을 대하듯 표현한다.

　예) "친구 하나하나 배려하는 마음이 참 돋보이는구나."

이제 연습을 통해 칭찬을 실천해 보도록 하자.

연습 10-4

칭찬하기

1. 내가 가장 잘 알고 있는 한 사람을 떠올려 봅니다.

2. 그 사람에 대해 칭찬할 점을 생각나는 대로 써 봅시다.

3. 몇 가지의 칭찬거리를 떠올렸는지 함께 이야기해 봅시다.

4. 가장 많이 칭찬한 사람을 칭찬해 줍시다.

5) 감사를 표현하기

우리는 살아오면서 수많은 사람과 관계를 맺고 서로에게 영향을 미치며 성장해 간다. 나에게 좋은 영향을 주었던 사람들에게 감사한 마음을 표현하는 것은 상대방과의 관계를 더욱 신뢰할 수 있고 풍요롭게 만든다.

☞ 예 1

"선생님이 ~ 말씀을 해 주셨을 때 저는 희망이 생기고 마음이 놓였어요. 저는 친구들과 좀 더 좋은 관계를 맺고 싶었거든요. 선생님 말씀에서 구체적인 방법을 찾게 되었어요."

☞ 예 2

"**가 자신의 계획을 잘 지켜 가는 모습을 보니, 나도 참 뿌듯하고 기분이 좋네요. 난 우리 만남이 서로에게 의미가 있기를 바랐는데, 이렇게 서로를 키워 가는구나 생각하니 보람이 느껴져요."

이렇게 감사를 표현할 때에는 감사를 표현하는 3요소, 즉 ① 우리의 행복에 기여한 그 사람의 행동, ② 충족된 나의 어떤 특정한 욕구, ③ 그 욕구들이 충족됨으로써 생긴 좋은 감정을 담아서 전하도록 한다(Hahn 역, 2004).

연습 10-5

감사를 표현하기

1. 눈을 감고 조용히 내 주변에 있는 사람들을 떠올려 봅니다.

2. 감사를 표현하고 싶은 사람에게 감사의 마음을 담아 짧은 편지를 써 봅시다.

3. 어떤 사람에게 어떤 마음을 표현했는지 함께 나누어 봅시다.

6) 이끌어 가는 대화법

교육봉사자는 교육봉사 대상자를 대화의 중심에 놓고 대화를 이끌어 가도록 한다. 즉, 대화를 이끌어 가는 것은 자신이라 할지라도 대화의 주인공은 상대방이 되도록 하는 것이다. 예를 들어, 학생이 어떤 것에 대해 의논하고자 한다면, 섣불리 자신의 생각대로 조언을 하기보다는 학생이 어떻게 생각하는지를 먼저 고려하고 충분히 대화를 나누면서 함께하는 것이 좋다.

☞ 예

교육봉사자: (친구들과 사이가 안 좋아져서 고민하고 있는 봉사대상자에게) 어떻게 달라지면 좋겠어? 원하는 모습이 어떤 거야?

봉사대상자: 친구들과 예전처럼 친해지면 좋겠어요.

교육봉사자: (봉사대상자의 생각을 충분히 표현할 수 있도록) 그동안 생각해 보거나 해 본 것이 있을 텐데…… 어떤 시도를 해 봤니?

봉사대상자: 먼저 인사도 해 보고, 말도 걸어 봤는데 별 반응이 없어요.

교육봉사자: 그렇구나. 그럼 지금부터 무엇을 할 수 있을지 함께 방법을 찾아보자. (서로 함께 충분히 대화를 나눈 뒤 봉사대상자가 선택하도록) 이 상황에서는 어떤 방법이 가장 도움이 될까?

봉사대상자: 음…… 직접 만나는 것 말고, 편지를 써 볼까요?

교육봉사자: 그럼 계획을 세워 보자. 얘기한 것처럼 편지나 메일도 좋고, 블로그에 쪽지를 보낼 수도 있을 것 같은데, 어떤 것이 더 좋을 것 같아?

이와 같이 교육봉사에서의 의사소통은 단순히 친밀감을 형성하는 것을 넘어서서, 봉사대상자의 목표를 확인하고 목표를 이루어 나갈 수 있는 방향으로 대화를 이끌어 가는 건설적인 대화가 되어야 한다. 학생들에게 관심을 가지고 필요로 하는 것을 알아차린 다음, 현실적으로 무엇을 할 수 있을지 선택 안을 충분히 함께 탐색하는 것이 중요하다. 궁극적으로 학생 스스로가 주체적으로 실행의지를 가지고 목표 달성을 위해 기꺼이 노력할 수 있도록 하고, 교육봉사자는 옆에서 무엇을 도와줄 수 있는지 살펴보아야 한다.

이렇게 기억하자! 원무지계[6]

원: 원하는 게 무엇일까요?
　"어떻게 달라지면 좋을까? 뭘 하고 싶어?"
무: 무엇을 해 봤니?
　"네가 원하는 걸 얻기 위해 무엇을 해 봤니?"
지: 지금부터 무엇을 해야 할까?
　"지금부터 무엇을 할 수 있을지 함께 방법을 찾아보자."
계: 계획을 세워 보자.
　"할 수 있는 가능한 실천계획들을 세워 보기로 하자."

---

6) 출처: 이상희, 노성덕, 이지은(2006). 청소년 상담연구 〈중학교용 또래상담 프로그램〉.

제11장
생활지도

> 운명은 외부에서 오는 것처럼 보이지만 사실은 우리 자신의 마음으로부터 비롯
> 되는 것이다. 나약한 마음, 게으른 습성, 부정적인 습관이 나쁜 운명을 만들고, 지
> 혜로움, 남을 돕는 착한 마음, 긍정적인 습관들이 모여 좋은 운명을 만든다.
>
> – 세네카

학교에서의 교육을 크게 나누면 학습지도와 생활지도의 두 부분으로 구분
된다고 해도 과언이 아니다. 학습지도가 인간이 살아가는 데 필요한 인지적
기능 발달을 위한 지식의 가르침이라 한다면, 생활지도는 다른 사람과 원만
한 관계를 유지하며 올바른 행동을 할 수 있는 정의적 기능 발달을 위한 가르
침이라 할 수 있다. 이 장에서는 교육봉사활동을 하는 동안 고려할 만한 생활
지도의 측면을 살펴보도록 한다.

1. 생활지도의 개념과 의미

우리나라에서의 생활지도의 발달은 한국전쟁의 여파로 인한 이질문화의 유입과 사회적 혼란 속에서 학교교육의 관심이 지적 발달에만 국한되어서는 안 되고 젊은이들의 가치의식을 고쳐시켜야겠다는 전인간적 교육 사조에 따라 시작되었다. 미국에서 유학한 학자들이 생활지도 이론을 연구하고 돌아와 정신과 의사와 협동으로 1957년 교육부 후원 아래 서울특별시 교육위원회에서 중·고교 교도교사 강습회를 개최하면서 상담을 포함한 생활지도가 도입되었다고 볼 수 있다(김규수, 김관현, 김태훈, 2002).

쉐르처와 스톤(Shertzer & Stone, 1981)은 "생활지도란 개인이 자기 자신과 자신의 세계를 이해할 수 있도록 돕는 과정"이라고 정의하면서, 그 주요 활동으로 ① 학생이해 활동, ② 정보제공 활동, ③ 상담활동, ④ 정치(定置)활동, ⑤ 추수지도(追隨指導) 활동 등을 들었다. 이렇게 미국에서 유래된 생활지도의 의미와 영역은 학생들의 학업, 진로, 인성 등의 영역에서의 발달, 문제해결, 의사결정을 돕는 활동으로서 학생의 생활 및 행동 지도를 총칭한다. 김충기(1997) 또한 생활지도를 교육의 목적을 달성하기 위한 방법으로 학생들이 일상생활에서 해결해야 할 교육적, 가정적, 사회적, 직업적, 신체적, 도덕적, 정서적 문제를 자력으로 해결할 수 있도록 돕고, 저마다 가지고 있는 흥미, 적성, 능력, 성격 등 인격적 특성과 잠재력을 이해하고 발견하여 이를 최대한으로 발전시켜 나가도록 하는 활동으로 개념화하였다. 이렇게 생활지도의 의미와 영역을 넓게 보는 입장에서는 생활지도를 전문적인 활동영역이나 활동내용 등을 포함하는 의미로서 학생을 이해하기 위해 특화된 훈련을 요하는 전문적인 활동으로 본다.

반면, 학교교육을 크게 교과지도(학업지도)와 생활지도로 양분하는 입장에서의 생활지도는 교과지도 이외의 교육을 생활지도로 개념화한다. 이러한 입장에서는 생활지도의 영역에 행동습관, 기본 예의, 청결습관, 인성지도 등 학생생활의 거의 모든 영역이 포함되기 때문에 다소 비전문적이지만 학생들의 행동이나 생활에 대한 전반적인 교육과 지도를 포함하는 교육활동으로서 생활지도를 보고 있다(한국교육과정평가원, 2002).

종합적으로 볼 때, 생활지도는 개개인의 인지적, 정의적, 신체적, 심리적 특성과 잠재 가능성을 바르게 이해하고 발달시켜 자아실현을 통해 행복한 삶을 이룰 수 있도록 원조하는 조직적인 교육활동이다. 즉, 개인으로 하여금 합리적인 사고와 의사결정을 통하여 일상생활에서 해결해야 할 여러 가지 문제를 자력으로 해결할 수 있도록 돕고, 자기 자신과 주위 세계를 잘 이해하여 현명한 선택과 적응을 통해 건전한 사회의 일원으로서 성장·발달할 수 있도록 하는 일련의 지속적인 노력과정이라 할 수 있다.

2. 생활지도의 필요성과 목적

오늘날의 교육은 전인 교육을 이상으로 하고 있으나 우리의 교육현실은 아직 지식위주, 입시위주의 교육에서 크게 탈피하지 못하고 있다. 실질적으로 학교에서 이루어지고 있는 생활지도 역시 너무 획일화된 제도 속에서 이루어지고 있는 것이 사실이다. 그러므로 교육봉사자가 학생들에게 학습지도와 더불어 올바른 생활지도를 돕는 것은 균형 있는 교육이 이루어지도록 하는 데에 중추적인 역할을 맡는 것이라고 할 수 있다. 급속한 사회변화에 따른 가치관의 혼란으로 청소년 문제가 증가하고 있기에 이에 대한 대책으로서 생활지도가 필요할 뿐만 아니라, 개인적인 인격 형성과 당면한 문제해결을 위한 현명한 선택과 적응을 위해서도 생활지도는 필수적이라 할 수 있다. 이러한 생활지도의 필요성을 구체적으로 살펴보면 다음과 같다.

첫째, 인간은 누구나 성장 가능성을 잠재하고 태어났는데, 이 잠재력은 환경의 힘, 즉 적절한 양육을 통해서 원만한 인격을 형성할 수 있게 된다. 그러므로 성장기에 있는 청소년에게는 올바른 성장과 발달을 위해 적절한 생활지도가 더더욱 필요하다.

둘째, 청소년의 성장·발달과 인격 형성 과정에는 개인차가 존재한다. 교과교육에서의 습득과정, 방법, 적성에서도 차이가 있으므로 집단적인 교과학습만으로는 개인차의 존중 혹은 전인적인 발달에 대한 효과적인 조력이 어렵다. 그러므로 생활지도를 통해 청소년의 개인적응력을 높여 주이 문제 행동을 예방하고, 급변하는 사회 속에서 생활하는 청소년에게 사회변화의 과정과 더불어 생활할 수 있는 의식을 고취시켜 줄 필요가 있다.

셋째, 모든 사람은 자기 자신이 존재하는 주관적 현상세계 속에서 생활하기 때문에 각 개인의 사적 세계를 완전히 이해하기란 힘들다. 사람들은 전 생애에 걸쳐 사회적 상호작용을 통해 서로가 처한 현실을 배우고 이해하면서 자아개념을 형성해 나가게 된다. 생활지도는 이러한 서로 다른 주관적 현상세계에서 자신과 타인을 최대한 이해하고 긍정적 상호작용을 할 수 있도록 도와주는 역할을 하게 될 것이다.

이렇듯, 생활지도의 공통된 관점은 교육을 통하여 학생의 개성을 발견하고 능력과 흥미를 찾아내며 성숙한 전인으로서 생활하게 도와주는 데 있다. 이러한 목적을 달성하기 위해서는 세부적인 목표가 실천되어야 하는데 그 세부적인 목표는 다음과 같다(김규수, 김관현, 김태훈, 2002).

① 모든 학생이 자기 자신을 정확히 이해하도록 한다.
② 모든 학생이 가능한 한 자신의 노력으로 자신의 능력과 흥미와 자질을 발견하고 이를 발전시켜 가도록 한다.
③ 모든 학생이 수시로 당면하는 자신의 문제를 정확히 파악하고 자신의 힘으로 해결하도록 한다.
④ 복잡한 생활환경과 그 변화 속에서 모든 학생이 현명한 선택과 적응을

할 수 있도록 한다.

⑤ 모든 학생이 장래의 발전과 보람된 생활을 위하여 보다 건전하고 성숙
하게 적응할 수 있도록 영구적인 기초를 마련하도록 한다.

⑥ 모든 학생이 신체적, 지적, 사회적, 정서적인 면에서 조화롭고 통합된
인생을 즐길 수 있도록 한다.

⑦ 모든 학생이 자신이 속해 있는 사회를 위하여 자기 나름대로의 독특한
공헌을 할 수 있도록 한다.

이렇게 생활지도의 목표는 각 개인에게 자신의 문제를 스스로 해결할 수
있는 능력과 새로운 환경에 대한 적응능력을 길러 주는 데 있다. 생활지도의
초점은 문제 자체가 아니라 각 개인이며, 각 개인의 자율적 성장을 촉진시키
는 것이다. 즉, 자기 자신의 이해, 적응능력의 발전, 과학적 · 비판적 사고력
의 함양을 통한 문제해결력의 증대다. 결국 생활지도의 궁극적 목표는 지덕
체를 겸비하고 자신감과 자율적인 능력을 가진 인간을 창조하는 데 있는 것
이다.

3. 생활지도의 주요 영역과 개입

생활지도의 의미와 영역은 시대의 흐름과 사회의 변화에 따라 다르며 적
용방법도 다양하다. 앞에서도 언급했듯이, 교과지도 이외의 교육을 생활지
도로 개념화하는 입장에서 보았을 때 생활지도의 영역으로는 행동습관, 기
본 예의, 청결습관, 인성지도 등 학생생활의 거의 모든 영역을 포괄할 수 있
다. 교육봉사활동에서 관여하게 되는 생활지도 또한 학생들의 행동이나 생
활에 대한 전반적인 교육과 지도를 포함하는 다양한 교육활동이 될 것이다.
여기서는 생활지도의 모든 영역을 다룰 수는 없고, 앞 장에서 설명한 학습과

진로 지도, 대인관계 지도를 위한 활동들 외에 교육봉사를 통해 이루어질 수 있는 생활지도의 몇 가지 대표적인 활동을 중심으로 설명하고자 한다.

1) 시간관리

시간관리란 우리가 시간을 직접 제어한다는 뜻이 아니다. 이는 우리의 일상생활 속에서 일어나는 사건들을 제대로 관리하는 것을 말한다. 즉, 자신의 생활목표를 달성하기 위하여 개인의 특성이나 생활방식에 맞게 시간을 사용하는 방법을 개발하고 익히는 것이다. 이러한 점에서 시간관리는 곧 자기관리이자 생활관리라고 할 수 있다.

사람마다 동일하게 주어진 시간을 어떻게 활용하느냐에 따라 생활의 질이 달라진다. 시간의 소비는 에너지의 소비이며, 시간의 질은 사용된 시간의 흐름 그 자체보다는 시간을 구성하고 있는 생활내용이 무엇이고 주어진 시간을 얼마나 효율적으로 관리하고 사용하였는가에 의하여 좌우된다.

시간이 늘 있다고 착각해서는 안 된다. 청소년의 시간은 청소년기에만 있는 것이며, 오늘의 시간은 오늘에만 있는 것이다. 한번 지나간 시간은 흘러간 물처럼 다시 그 자리에 오지 못한다. 물이 흘러가는 순간에 물레방아를 돌리도록 활용해야 하는 것처럼, 내 앞에 와 있을 때 최대한 가치 있게 활용하지 않으면 아무런 가치 없이 낭비되고 마는 것이 바로 시간이라는 자원이다. 그러므로 우리는 시간의 특성을 잘 알고 적절히 활용하려는 노력을 기울여야 할 것이다.

교육봉사자는 학생들에게 시간관리의 소중함을 알도록 지도하고, 할 일의 우선순위를 정해서 정리하여 기록하고 점검할 수 있는 습관을 정착시켜 자신의 꿈을 위해 주도적으로 생활할 수 있도록 도울 필요가 있다.

활동 11-1　시간 사용 점검하기(〈부록 15, 16〉 참조)

활동 목표	일주일의 생활을 돌아보고 보완하여 다음 주를 계획할 수 있다.
활동 내용	① 지난 일주일 동안 실제 생활했던 시간표(부록 15)를 그려 보고, 각자 일주일을 어떻게 보냈는지 이야기한다. ② 친구들의 시간 사용과 나의 시간 사용을 비교해 보고, 서로의 시간 사용에 있어 장점과 단점을 살펴본다(부록 16). ③ 잘된 시간 사용은 유지하고 보완할 부분을 반영하여 다음 일주일의 시간표를 짜 본다.
유의 사항	이상적인 시간 사용을 계획하기보다 현실 가능한 시간 사용을 계획하도록 지도한다.

활동 11-2　나에게 여유시간이 있다면?(〈부록 17〉 참조)

활동 목표	자투리 시간을 효율적으로 활용할 수 있는 방법을 생각해 보고 실천할 수 있다.
활동 내용	① 활동지 '나에게 여유시간이 있다면?'(부록 17)을 나누어 주고 여유시간이 있을 때 할 수 있는 일을 작성하도록 한다. ② '5분이라는 여유'가 있다면 무엇을 할 수 있는지 함께 이야기한다. ③ '10분이라는 여유'가 있다면 무엇을 할 수 있는지 함께 이야기한다. ③ '30분이라는 여유'가 있다면 무엇을 할 수 있는지 함께 이야기한다. ④ 앞서 이야기한 것들 중 자신의 여유시간에 적용해 볼 수 있는 것은 어떤 것이 있을지 생각해 보고 함께 나눈다.
유의 사항	시간이 없어서 하고 싶은 것을 할 수 없다고 생각했던 학생들이 제한된 시간 안에서 시간을 잘 활용함으로써 더 많은 것을 할 수 있음을 알 수 있도록 지도한다.

활동 11-3 우선순위 정하기(〈부록 18, 19〉 참조)

활동 목표	제한된 시간을 효율적으로 사용하기 위해 일의 우선순위를 고려하여 시간활용을 계획할 수 있다.
활동 내용	① 우선순위 영역별 주요 특징, 수행결과, 주요 대안(부록 18)에 대해 설명해 준다. 　 "미국 아이젠하워 대통령은 우선순위를 정하는데 있어서 '긴급도'와 '중요도'라는 　 두 가지 척도를 사용하였다. 시간관리에서 중요한 것은 한정되어 있는 시간에 중요 　 하지만 긴급하지 않은 일을 미리미리 관리함으로써 우선순위 영역에서 '중요하지 　 만 긴급하지 않은 영역'을 확대하는 것이라고 할 수 있다." ② 일상생활에서 해야 할 일을 활동지 '나의 우선순위 정하기'(부록 19)에 우선 　 순위 영역별로 적어 본다. ③ 중요하다고 생각한 일의 기준은 무엇인지, 빨리 해야 한다고 생각한 일의 기 　 준은 무엇인지 적어 본다. ④ 서로의 우선순위가 어떻게 다른지 이야기해 본다. ⑤ '중요하지만 긴급하지 않은 영역'에 포함될 수 있는 것이 더 없는지 살펴본 　 후, 다른 영역에 있는 항목을 이 영역에 넣어 보도록 한다.
유의 사항	중요하지만 긴급하지 않은 영역에 대해 깊이 있게 생각해 보고 자신의 미래를 위해 꾸준히 준비해야 할 것이 무엇인지 알도록 하는 것이 중요하다.

2) 예절교육

예절은 성장하면서 갖추어야 할 기본 생활습관이라고 할 수 있다. 한창 성장기에 있는 아동·청소년에게 있어서 바른 예절이 습관화될 수 있도록 지도할 필요가 있다. 다음과 같은 기본예절에 대해 스스로가 숙지하고 알려 주어야 할 필요가 있을 때 친절하고 분명하게 알려 주도록 한다.

첫째, 만나면 먼저 인사하는 습관을 들인다. 인사는 상대를 인정하고 존중하는 예절로 사회생활의 기본이 된다. 고개만 까딱 하는 인사가 아니라 '안녕하세요'라고 인사말을 하며 밝은 표정으로 인사하도록 한다. 적어도 교육봉사 시간만큼은 모두 반갑고 상냥하게 인사하며 시작하도록 약속을 하는 것도 좋다.

둘째, 바르고 고운 말을 사용하고, 어른에게는 존댓말을 사용하도록 한다. 같은 말이라도 어떻게 하느냐에 따라서 말의 느낌이 많이 달라진다. 큰 소리로 말을 하면 듣는 사람이나 주변 사람들이 불쾌해진다. 언어예절은 사람의 가장 기본적인 덕목이다. 올바른 언어를 사용하는 사람은 바르고 품위 있는 사람으로 보인다. 따라서 거짓말과 남을 헐뜯는 말, 바르지 못한 말은 사용하지 않도록 지도한다. 그러나 적절하지 못한 말을 하는 학생을 지도할 때 무조건 그렇게 말하면 안 된다고 이야기하기 전에, 왜 그렇게 말할 수밖에 없었는지에 대해 먼저 이해하고 학생의 마음을 풀어 주어야 한다. 그다음 더 적절한 말이 뭘까에 대해 함께 생각하고 바른 언어로 고쳐 사용할 수 있도록 하는 것이 좋다. 그렇지 않으면 예절교육은 진부한 잔소리가 될 뿐이다.

셋째, 몸은 항상 청결하게 유지하도록 한다. 몸을 청결하게 하는 것은 질병을 예방하는 첫걸음일 뿐만 아니라, 자신과 타인에 대한 기본적인 존중이기도 하다. 봉사대상자 중에 청결 유지가 어려운 사람은 없는지 살펴보고, 외출에서 돌아오면 손 씻기, 속옷 자주 갈아입기, 하루에 세 번 양치질하기 등 기본적인 청결유지에 대한 필요성과 방법을 알려 줄 필요가 있다.

넷째, 전화예절을 갖추도록 한다. 전화예절은 보이지 않는 사람에게 예절을 갖춘다는 점에서 중요하다. 학생들에게 전화를 하면 먼저 자신이 누구인지 밝히고 전화통화 가능 여부를 확인한 다음 용건만 간단히 말하는 것, 이른 아침이나 늦은 밤에 전화하지 않기, 장난전화 하지 않기 등 기본적인 예절부터 가르칠 수 있다. 요즘 학생들은 문자를 많이 이용하는 편이므로, 문자를 주고받을 때에도 마찬가지로 기본적인 예의가 필요하다는 것을 알려 주는 것이 좋다. 전화를 하는 과정에서 상대방의 전화예절로 기분 좋았던 경험이나 불쾌했던 경험을 나누어 볼 수도 있고, 장난전화를 해 본 경험이 있다면 상대방의 입장이나 사회적 대가에 대해 생각해 볼 수 있도록 한다. 전화를 걸 때와 받을 때, 다른 사람을 바꿔 줄 때, 바꿔 달라는 사람이 옆에 없을 때, 메모를 전달할 때 등 다양한 상황을 설정해 전화놀이를 하면서 전화예절에 대해 다시 한 번 생각해 볼 수 있을 것이다.

다섯째, 양보와 협동하는 미덕을 배우도록 한다. 친절과 협동, 양보는 아름다운 질서임을 가르쳐 준다. 다른 사람에게 어려움이 있으면 자기 일같이 도와주기, 버스에서 노약자에게 자리 양보하기, 친구들과 과자 나눠 먹기 등 쉬운 일부터 시작할 수 있도록 한다. 일방적으로 전달하기보다는 학생들이 각자 자신의 위치에서 할 수 있는 양보와 협동이 어떤 것이 있을지 생각해 보고 느낀 점을 나누는 것이 좋다.

여섯째, 시간과 약속을 잘 지키는 습관을 길러 준다. 이 사회는 혼자서 살아가는 것이 아니라 다른 사람들과 관계를 이루면서 어울려 살아가기 때문에 약속을 잘 지켜야 한다는 것을 알려 줄 필요가 있다. 약속이란 각자의 삶 속에서 자신과 타인의 귀한 시간을 공유하는 것이므로 이 또한 자신과 타인에 대한 기본적인 존중의 방법 중 하나가 된다. 교육봉사 시간에 함께 한 약속은 반드시 지키도록 서로 노력하고 사소한 약속이라도 제대로 지켰을 경우에는 충분히 칭찬해 줌으로써 약속을 잘 지키는 신뢰할 수 있는 사람으로 성장할 수 있도록 돕는다.

3) 용돈 관리

학생들이 자신의 용돈을 어떻게 사용하느냐 하는 것은 이후 성인이 되었을 때 경제생활의 기본이 될 수 있다. 특히 청소년기는 감수성이 예민하고 학습활동이 가장 활발히 이루어지는 시기이므로, 이 시기에 형성된 소비자 행동유형은 이후 성인이 되었을 때에도 지속된다는 점에서 올바른 소비 가치관과 용돈관리 능력을 키워 주는 것이 중요하다(이승신, 유재경, 2000). 그러므로 성인이 되었을 때 현명한 소비자가 되고 건실한 경제인이 될 수 있는 습관을 형성시켜 나가는 과정의 일부로서 용돈사용을 지도하는 것이 필요하다(김계현 외, 2009). 교육봉사활동을 하는 동안 학생들의 소비생활을 일일이 지

도할 수는 없지만, 몇 가지 활동을 통해서 건전한 소비생활을 하도록 교육할
수 있고, 학생들을 관찰하면서 지나친 소비를 하는 학생들에게는 올바른 소
비생활의 중요성을 일깨워 줄 수 있다. 여기에서는 이러한 관점에 기초하여
지혜로운 용돈사용 습관을 형성하기 위해서 고려할 점을 몇 가지 활동을 통
해 살펴보기로 한다.

활동 11-4 　우리생활에서 돈이 어떻게 사용되는지 알기[1]

활동 목표	돈을 사용해 본 경험을 이야기하면서 일상생활에 돈이 어떻게 마련되고 사용되 는지를 알 수 있다.
활동 방법	① 각 가정에서 쓰는 생활비가 어떻게 마련되는지, 옷이나 신발, 학용품, 간식 등 　을 누가 어디서 어떻게 구입하는지, 가격을 알고 있는지 서로 이야기해 본다. ② 각자의 용돈을 어떻게 마련하는지 함께 이야기를 나누어 본다. ③ 돈을 바르게 사용하는 것은 어떤 것인지 함께 이야기해 본다.

활동 11-5 　용돈사용 점검하기(〈부록 20〉 참조)

활동 목표	용돈을 어떻게 사용하고 있는지 점검하고, 더 나은 사용법이 있는지 검토한다.
활동 방법	① 지난 일주일 동안 사용한 용돈 내용을 용돈기입장(부록 20)에 기록해 본다. ② 꼭 필요한 지출이라고 생각되는 것과 그렇지 않은 것을 생각해 보고 함께 이 　야기해 본다. ③ 다음 일주일간의 용돈 지출을 계획해 본다.

---

1) 출처: 백옥희(1996). 금전관리 및 여가선용 지도 프로그램.

제12장
인터넷 사용 지도

까페에 혼자 앉아 노트북을 사용하며 시간을 보내는 사람들.

컴퓨터로 정보 검색을 해서 숙제를 제출하는 아이들.

지하철에서 휴대용 단말기를 활용해서 영화나 TV를 보는 사람들.

휴대폰으로 인터넷에 접속해 기사를 살펴보는 사람들.

디지털시대를 살아가는 우리들의 모습이다.

이전 같으면 상상도 하지 못했던 모습이지만 지금은 낯설지 않은 모습이 된 만큼 우리 생활에서 인터넷과 디지털 매체는 중요한 일부분이 되었다. 특히 인터넷은 우리로 하여금 다양한 정보를 접하도록 하고, 게시판 등을 통해서 소통할 수 있는 공간을 생성하는 등 새로운 관계망의 도구로 떠올랐다. 일상의 소소함을 나누는 개인 블로그에서부터 정부 정책에 이르기까지 이제는 인터넷이 포함되지 않은 곳이 없다. 교육현장에서도 인터넷의 사용은 정보검색이나 공유, 교육공간의 확대 등 많은 편리함을 가져다주었고, 특히 청소년은 이러한 인터넷 사용의 선두주자로서 새로운 인터넷 문화를 형성해 나가고 있다. 그러나 인터넷은 많은 이점이 있는 반면, 제대로 활용하지 못할 경우 여러 부작용을 낳을 수 있으며 그 영향력은 한 개인에 머무르는 것이 아니라 사회적 이슈로 대두될 만큼 파급력이 크다. 이 장에서는 인터넷 사용의 실태 및 명암을 살펴보고 효과적인 인터넷 사용을 위해서 교육봉사자가 어떤 역할을 할 수 있는지 구체적인 전략에 대해 알아볼 것이다.

1. 인터넷 사용 실태

인터넷 강국인 우리나라는 실제 어느 정도나 인터넷을 이용하고 있을까? 한국인터넷진흥원이 2009년도에 조사한 자료에 따르면 국민의 77.2%가 인터넷을 이용하고 있는 것으로 나타났는데 이는 2000년도의 44.7%에 비해 무려 30% 이상 증가한 수치다. 연령별로는 미취학 아동에서부터 노년층에 이르기까지, 장소로는 수도권에서 산간벽지에 이르기까지 이제는 인터넷이 닿지 않은 곳이 없고, 인터넷 뱅킹이나 원서접수 등 크고 작은 생활의 일들을 인터넷으로 처리하고 있다.

인터넷은 이처럼 우리 생활 가까이에서 편리함을 제공하지만 올바르게 사용하지 못하면 부정적인 영향도 큰데, 인터넷 중독이 그 예다. 인터넷 중독이란 인터넷에 대해 지속적이고 강박적으로 생각하게 되고 내성[1]과 금단[2]이 나타나고 의도한 것 이상으로 과도하게 인터넷을 사용하게 되는 것을 말한다. 또한 계속 인터넷을 하고 싶은 욕구가 나타나고 다른 활동에 대한 욕구는 감소하며 인터넷을 부정적으로 사용함으로써 생기는 결과는 무시하는 등(Young, 1996a) 다른 중독과 마찬가지로 강한 의존을 드러낸다.

한국정보문화진흥원이 2008년에 실시한 조사에 따르면 2008년 현재 8.8%(약 200만 명)에 해당하는 사람들이 인터넷 중독 증상을 나타내고 있으

---

1) 점점 더 많은 시간 인터넷을 해야 만족감을 느끼고 사용 조절을 실패한 경험 정도.
2) 인터넷을 못하게 되었을 때 불안, 초조 등을 유발하는 정도.

며 이 중에서 청소년의 중독률은 14.3%에 해당하여 6.3%의 성인보다 높은 수치를 보여 준다. 또한 중·고등학생의 인터넷 중독률이 14.7%로 가장 높았고, 최근에는 초등학생의 중독률(12.8%)이 높은 수치로 상승하고 있어 인터넷 중독의 저연령화가 나타나고 있는 것도 무시할 수 없는 중요한 부분이다. 교육봉사의 대상자가 주로 초·중·고등학생이라는 점을 생각해 볼 때 청소년을 제대로 이해하기 위해서 인터넷 사용에 대한 이해는 필수적이라고 할 수 있겠다.

2. 인터넷의 효과적인 활용

인터넷은 이제 우리 생활에 빠질 수 없는 요소가 되었다. 인터넷 사용이 피할 수 없는 것이라면 봉사대상자들에게 인터넷을 효과적으로 활용할 수 있는 방법은 없을까? 인터넷이 긍정적으로 활용될 수 있는 예를 통해 봉사대상자들이 효과적으로 인터넷을 활용할 수 있도록 지도해 보자.

1) 인터넷을 활용한 교육봉사활동

교육봉사활동에서 인터넷은 다양하게 활용될 수 있는데 크게 다음의 네 가지 정도로 정리할 수 있다. 첫째, 학습에 도움을 얻을 수 있다. 인터넷의 가장 큰 장점은 시간과 장소에 구애받지 않고 정보를 얻을 수 있다는 점일 것이다. 학교공부 이외에 학원에 가거나 다른 사교육을 받지 않더라도 인터넷 강의를 통해 부족한 학업을 보충하고 새로운 내용을 학습할 수 있다. 대상도 초등학생부터 성인에 이르기까지 다양하고, 영역도 교과서부터 외국어학습에 이르기까지 다양하기에 활용도가 매우 높다.

교육봉사자가 학업을 진행하면서 추가적인 내용이 필요할 때 특정한 강의를 추천해 주거나 교육봉사활동과 병행하여 인터넷 강의를 들을 수도 있다. 그 밖에 학습과 관련된 정보를 탐색할 수 있다. 대학이나 관심 있는 학과 홈페이지에 접속을 하면 어떤 방법으로 입시를 준비해야 하는지 알 수 있고, EBS(www.ebs.co.kr)나 에듀넷(www.edunet4u.net), 꿀맛 닷컴(www.kkulmat.com), 한국청소년상담원(www.kyci.or.kr)과 같은 학업 관련 웹사이트 등을 검색해 보면 최근에는 '공부 방법'과 관련된 경험기나 동영상들이 올라와 있으므로 함께 동영상을 보는 시간을 가질 수도 있다.

둘째, 진로탐색을 위한 방법으로 활용될 수 있다. 최근에 대학 학과 및 진로설정에 대한 관심이 높아지면서 직업세계에 대한 자료나 진로결정을 돕는 정보들이 많아지고 있다. 이 중에서도 인터넷은 특히 유용한 정보원이 될 수 있는데, 카페나 블로그 등을 통해 실제 그 직업을 가지고 있거나 관심이 있는 사람들이 정보를 공유하는 사이트를 방문할 수 있다. 그리고 커리어넷(www.careernet.re.kr)이나 워크넷(www.work.go.kr) 사이트와 같이 종합적인 정보와 프로그램을 제공하는 사이트를 활용할 수도 있다.

셋째, 개인 관심사를 축적하는 포트폴리오로 활용할 수 있다. 최근에는 블로그나 미니홈피가 활성화되면서 자신의 관심사를 중심으로 글을 쓰거나 사진을 올리는 등 다양한 활동을 하는 것을 볼 수 있다. 블로그를 잘 운영한 경력이 입사에 도움이 되는 경우도 있어 자신의 관심사를 잘 표현하고 활동하는 모습은 단순히 인터넷을 하는 것이 아니라 자신의 능력을 나타내는 하나의 방편으로 인정받고 있다. 봉사대상자가 특정한 분야에 관심이 있고 계속 공부하고 싶어 한다면 정보를 기록하고 축적하도록 도울 수 있다. 만약 봉사대상자가 철새나 들꽃 같은 동식물에 관심이 있다면 관련 사진과 정보를 홈페이지나 블로그에 올리고, 다른 사람들의 정보도 축적을 하는 등 좋은 포트폴리오가 될 수 있다. 혹은 관심 내용으로 UCC를 제작하여 다른 사람들에게 보일 수도 있다. 청소년은 영상에 익숙하고 영상을 잘 활용하는 세대이기에 이러한 접근을 통해서 봉사대상자에게 미래에 대한 비전을 심어 주고 학업에 대한 동기를 높일 수도 있다.

넷째, 교육봉사자와 봉사대상자가 소통하는 장소로 활용할 수 있다. 봉사대상자는 경우에 따라 다르지만 보통 주 1∼2회 정도 만나서 학습이나 인성지도를 하게 된다. 시간제한이 있기 때문에 봉사대상자가 일상생활을 어떻게 보내는지 알기 어렵고, 친밀감을 형성하기에 시간이 부족할 수 있다. 이럴 때 교육봉사자가 카페 등을 만들어 일상을 공유하고 과제나 관련 자료를 게시해 두면 봉사대상자들이 자료도 받고, 교육봉사자와도 더 많은 이야기를 나눌 수 있다. 특히 대인관계가 잘 안 되는 학생들의 경우에는 이러한 소통의 자리를 통해서 평소에 직접 말로 하기 어려웠던 이야기들을 풀어 낼 수 있다. 온오프라인을 통해서 봉사대상자와 함께 만난다면 좀 더 돈독한 관계형성을 하고 이를 바탕으로 봉사대상자에게 보다 도움을 줄 수 있을 것이다.

2) 인터넷의 효과적 활용을 위한 지침

인터넷을 긍정적으로 활용하려면 컴퓨터를 과다사용하지 않도록 올바른 인터넷 사용습관을 기르는 것이 중요하다. 교육봉사자가 만나는 청소년들은 이미 컴퓨터에 익숙한 경우가 많아 적용하기 어려운 경우도 있겠지만 초등학교 저학년의 경우에는 일반적인 지침을 적용하는 것이 가능하다. 따라서 다음의 지침을 활용하여 컴퓨터를 사용할 수 있도록 교육봉사자가 안내하고, 가능하다면 부모님의 협조를 얻어 좀 더 효과적으로 지도하도록 해 보자.

먼저, 컴퓨터를 개방적인 장소에 설치한다. 컴퓨터가 학생의 방에 설치되어 있는 경우에는 부모가 사용시간을 통제하기 어렵고 유해 사이트에 접속한다고 하더라도 이를 알기 어렵다. 자녀들이 과제를 위한 자료를 찾고 있다거나 인터넷 강의를 듣고 있다고 이야기하면 그냥 방치해 두는 경우가 많기 때문에 아이들은 마음 편하게 게임에 접속하거나 웹서핑, 채팅을 하며 긴 시간을 인터넷에서 보낸다. 따라서 교육봉사자가 부모님에게 컴퓨터를 거실과 같은 개방적인 장소에 설치하도록 권할 수 있다.

둘째, 인터넷 사용시간은 전체 하루 일과를 고려하여 적절한 시간을 배정한다. 즉, 하루 동안에 해야 할 일들을 목록화해서 청소년과 의논한 이후에 인터넷 사용시간을 언제, 몇 시간 동안 배정할 것인지 결정한다. 일반적으로 하루에 2시간을 넘지 않도록 하는 것이 좋다. 인터넷 중독자는 대체로 하루 2시간 이상 인터넷을 사용하는 비율이 매우 높았다(김성이, 오익수, 구본용, 황순길, 지승희, 2002).

셋째, 인터넷 사용시간을 규칙적으로 점검하고 강화물을 제공한다. 인터넷 사용은 초반에는 쉽게 지켜질 수 있지만 사용시간이 길어지고 감독이 소홀해지면 자신도 모르게 사용시간이 점차 증가하게 된다. 인터넷에는 청소년들이 재미를 느끼는 내용이 많이 제공되기 때문에 쉽게 과다사용으로 이어질 수 있다. 교육봉사활동 시간에 종종 인터넷 사용시간이 어떤지 규칙적으로 점검하고 사용시간이 줄어든 경우나 합의한 내용대로 잘 지켜진 경우에는 칭찬을 많이 해 주고, 청소년이 좋아하는 활동을 하거나 간식을 제공하는 등의 강화물을 주는 방식을 택할 수 있다. 인터넷 사용 시간표(〈부록 21〉참조)를 만들어 스티커를 붙이면서 이용할 수 있다.

넷째, 가족이 함께하는 산책이나 운동 등 컴퓨터 사용을 대체할 만한 활동을 한다. 청소년이나 성인이 인터넷을 많이 사용하게 되는 것은 인터넷이 재미있기 때문이다. 인터넷이 재미가 없거나 다른 재미있는 활동이 있다면 굳이 긴 시간을 할애하지 않을 것이다. 이를 위해서 가족의 도움을 받을 수 있다면, 주기적으로 저녁마다 산책을 하거나 테니스나 배드민턴과 같은 가족 운동을 하도록 권유할 수 있다. 그러나 가족의 도움을 얻기 어려운 경우에는 교육봉사활동 시간을 활용하여 다양한 활동들을 시도해 볼 수 있다. 쉬는 시간이나 운동 시간을 활용해서 아이들과 재미있는 놀이를 개발하고, 활동에 참여하도록 유도함으로써 실제 대인관계에서의 즐거움이 더 크다는 것을 알 수 있도록 지도한다. 또한 그린필드(Greenfield, 1999)에 따르면 인터넷 사용을 유도하는 특정한 습관이나 행동을 하지 않도록 하는 것이 필요하며, 인터넷 조절 행동을 지지해 줄 수 있는 친구나 가족이 중요하다고 한다.

주의할 것은 인터넷 조절 활동이나 지침이 청소년의 의지에 반해서 강압적으로 이루어지는 것이 아니라 본인도 동의하는 한에서 이루어져야 한다는 것이다. 이를 위해 올바른 인터넷 사용이 바람직한 것이고 인터넷 사용이 올바르지 않으면 폐해가 크다는 것을 사전에 알려 주어 동기부여를 하는 것이 필요하다.

3) 인터넷의 효과적 활용을 위한 활동

봉사대상자들이 인터넷 사용의 올바른 습관을 기를 수 있도록 다양한 활동을 통해 교육한다면 일방적으로 제한하거나 규제하는 것보다 더 효과적이라고 생각된다. 구체적으로는 다음의 활동들을 참고할 수 있겠다.

활동 12-1   인터넷은 나에게 어떤 의미?⟨〈부록 23〉 참조⟩

활동 목표	① 인터넷을 이용하게 되는 이유를 찾아본다. ② 인터넷이 자신에게 갖는 중요도를 인식한다.
활동 내용	① 먼저 한 5분간 인터넷 하면 떠오르는 것이 무엇이 있나 생각해 본다. 특히 자기 자신과 관련해서 떠오르는 것을 중점적으로 생각해 보도록 한다. ② 각자 활동지 '인터넷은 나에게 어떤 의미?'(부록 23)를 나누어 주고 □□에 해당하는 내용을 작성하여 퀴즈 형식으로 다른 학생들이 답을 맞추도록 한다. ③ 문제를 내는 사람은 3단계까지 힌트를 줄 수 있다. ④ 정답을 맞춘 사람에게는 진행자가 미리 준비한 선물을 제공한다. ⑤ 정답 확인 후에는 활동지를 가지고 발표를 진행한다. '나에게 인터넷이란 □□이다'에 적은 내용을 이야기하고, 그 이유를 서로 이야기한다. 특히 그런 생각을 갖게 한 중요한 사건이 있었는지 에피소드를 중심으로 이야기한다.
유의 사항	① 퀴즈로 진행하다 보면 이야기가 너무 가벼워져서 진지하게 의미를 다루지 못할 수도 있으니, 퀴즈는 재미있게 진행하되 이후 이야기를 나누는 장면에서는 진지하게 진행할 필요가 있다. ② 바로 이야기하지 못하는 학생은 좀 기다려 주고 천천히 이야기하도록 한다.

활동 12-2 　열매 맺는 인터넷[3](〈부록 24〉 참조)

활동 목표	① 인터넷의 장단점을 살펴본다. ② 장점과 단점 중 보다 영향이 큰 부분을 생각해 본다.
활동 내용	① 인터넷을 통해 도움받았던 일, 인터넷으로 난처했던 일 등을 떠올려 본다. ② 활동지 '열매 맺는 인터넷'(부록 24)을 나누어 주고, 인터넷으로 얻은 점은 나무의 열매로, 인터넷으로 잃은 점은 휴지통에 들어가는 휴지로 표현하도록 한다. ③ 각각의 결과가 나온 이유가 무엇인지 자신의 경험을 이야기하도록 한다. ④ 인터넷의 잃은 점 중 꼭 다시 찾고 싶은 것이 있다면 무엇인지 이야기를 나눈다.
유의 사항	기계적이고 피상적으로 이야기할 수 있으므로 자신의 경험을 중심으로 이야기하도록 한다.

활동 12-3 　대안 찾기 배틀(〈부록 25〉 참조)

활동 목표	① 인터넷을 대신할 만한 활동을 찾아볼 수 있다. ② 친구들과 함께 참여하여 서로 게임 속에서 좋은 대안을 찾아낼 수 있다.
활동 내용	① 그동안의 활동을 정리하면서 인터넷 과다사용 시간을 줄이는 것이 얼마나 의미 있는 일인지 설명한다. ② 인터넷을 줄이게 되면 그 시간을 무엇으로 보낼 것인지, 인터넷보다 더 재미있고 인터넷만큼 재미있는 활동을 찾아 활동지 '대안 찾기 배틀'(부록 25)에 작성하도록 한다. ③ 각자 여러 가지의 의견을 내도록 하고, 그중에서 자기 의견을 제외한 다른 사람 의견 중에 효과가 좋을 것으로 예상되는 활동을 고르도록 한다. ④ 이렇게 해서 가장 많은 표를 받은 사람의 아이디어가 선정되고, 사회자는 이 사람에게 간식 등의 상을 수여한다. ⑤ 실제로 이러한 방법이 효과를 나타내게 되면 이후 더 큰 상을 제공한다는 공지를 하고 실질적으로 의도한 결과가 나타나면 해당 청소년을 격려하고 학용품 등의 부상을 수여한다.
유의 사항	대안 찾기도 중요하지만 실제로 활동을 해 보는 것이 중요하므로 활동을 할 수 있도록 독려한다.

---

3) 출처: 김혜수, 김미화, 이은아, 이은실, 장우민(2007). 중등용 인터넷 사용조절 집단상담 프로그램(2006)-지도자용.

3. 인터넷 사용의 위험성

인터넷은 사용 인구 비율이 80% 가까이 육박할 만큼 우리 생활의 많은 부분을 차지하고 있다. 그러나 매력이 강한 만큼 그로 인한 부작용도 매우 크다. 인터넷을 과다 사용하게 되면 이러한 영향은 단지 한 개인에 머무르지 않고 사회적인 이슈로 커지는 경우가 많다. 다음과 같은 사례를 통해 그 심각성을 확인할 수 있다.

- 30대 남성 A씨는 인터넷 도박 게임에 중독되어 사채로 천만 원의 빚을 지고, 이 빚을 갚기 위해 장난감 권총으로 택시 강도 행각을 벌이다 붙잡혔다.[4]

- 14세 김모 군은 귀가하는 여대생을 성폭행한 혐의로 구속되었다. 김 군은 인터넷으로 성인 동영상을 매일 보다 호기심이 생겨서 따라 했다고 말해 동영상 중독이 주요 원인이 되었음을 보고하였다.[5]

- 일본에서는 한 20대 청년이 게임을 모방하여 무차별 칼부림을 벌인 끝에 1명이 숨지고 7명이 크게 다친 사건이 발생해 큰 충격을 주었다.[6]

이러한 예들을 통해서도 볼 수 있듯이 인터넷 과다사용은 많은 위험성을 지니고 문제를 일으킬 수 있다. 위험성을 구체적으로 살펴보면, 첫째 현실 구분 장애를 일으킨다. 앞의 두 사례가 이에 해당되는데, 현실과 게임의 세계를 구분하지 못하고 게임을 모방하여 칼부림을 벌이다 사람에게 상해를

4) 쿠키뉴스. http://news.nate.com/view/20090713n00429

5) 부산 일보. http://www.busanilbo.com/news2000/html/2007/1205/030020071205.
1008112437.html

6) YTN 뉴스. http://www.ytn.co.kr/_ln/0104_200803260220514658

입힌다든지, 음란물 영상을 모방하여 여대생을 성폭행한 사건은 모두 현실 구분 장애로 인한 것이라 할 수 있다. 인터넷에 과도하게 집중하다 보면 게임의 세계가 현실처럼 느껴지고 게임 속에서 자신이 가졌던 힘이 실제로 자신에게 있다고 착각하게 되어, 자신도 모르게 게임 속에서의 행동을 하게 되는 것이다. 이러한 현실 구분 장애는 그 결과가 끔찍한 사건으로 이어지는 경우가 많아 더욱 위험성을 드러낸다고 할 수 있다.

둘째, 일탈행동을 하게 된다. 인터넷 게임비를 마련하기 위해 비행이나 범죄를 저지르거나 다른 사람의 아이디를 도용하는 등 불법적인 행위를 저지르기도 한다(정여주, 2005). 뿐만 아니라 미성년의 나이에 음란물을 접한다든지 게임 아이템을 고가에 거래하는 등 인터넷 과다사용으로 인해 부적절한 행동을 하는 경우가 많다. 이는 인터넷상에서는 익명이 보장되어 비도덕적인 행위를 한다 해도 자신이 드러나지 않을 것이라 생각하는 심리에서 기인한다고 할 수 있다.

셋째, 일상생활에 장애가 나타난다. 인터넷을 과다 사용하면 물리적으로 많은 시간을 컴퓨터 앞에서 보내게 되므로 한 개인이 일상적으로 수행해야하는 일들을 제대로 처리하지 못하게 된다. 예를 들어, 학생들의 경우에는 과제나 학교공부를 할 시간이 부족하게 되고, 잠이 모자라 낮 동안 학교에서 집중하기가 어려워진다. 이런 생활태도는 시험 성적에도 영향을 미쳐 학업에 지장이 나타나게 된다. 이들은 이러한 실패감을 다시 인터넷을 하면서 해소하려는 경향을 보여 인터넷 중독은 악순환의 고리를 계속 이어 가는 패턴을 보여 준다. 뿐만 아니라 컴퓨터의 과도한 사용으로 체력적으로 이상이 나타나 만성피로, 시력저하, 두통, 어깨의 통증, 영양실조, 운동 부족으로 인한 체중 증가 등의 이상이 나타난다(박경호, 강만철, 오익수, 김명근, 김건웅, 2001).

넷째, 대인관계에 문제가 생긴다. 인터넷을 과다사용하는 경우에는 가상공간 속의 관계에만 집중하고 현실 속에서 관계 맺기를 회피하며, 사람들을 적절하게 대하거나 친밀해지는 방식을 알지 못한다. 사람들과는 점차 멀어지고 이는 더욱 인터넷에 몰입하는 결과를 가져오게 된다. 그리고 관계의 문제는 비단 사회적인 관계 속에서만 발생하는 것이 아니다. 지나친 게임으로 이혼을 결심한 신혼부부의 이야기가 TV의 전파를 탄 적이 있다. 또한 일명 은둔형 외톨이라 하여 자신의 방 밖으로 나가지 않고 그 누구와도 만나지 않으면서 오로지 방에 틀어박혀 컴퓨터만 하는 경우도 있다. 이처럼 인터넷 중독은 가족원들과의 관계를 붕괴시키고 한 개인을 더욱 고립시키고 만다.

이와 같이 인터넷을 잘못 사용했을 경우 그 폐해가 상당히 큰데, 인터넷의 장점을 최대화하고 단점을 최소화하기 위해서는 무엇보다 인터넷 사용에 대한 교육이 필요하다. 특히 최근에는 학교에 들어가기 전부터 인터넷을 접하는 등 인터넷에 대한 접근성이 더욱 커지고 있기 때문에 컴퓨터를 접하기 시작할 때부터 적절한 교육이 이루어져야 한다.

그러나 교육봉사를 통해서 만나게 되는 청소년들의 경우, 오랫동안 문제를 안고 있었거나 부모의 교육적 지원이 부족한 경우가 많아 교육봉사자나 교사의 역할이 더욱 중요하다고 할 수 있다. 특히 취약계층의 경우가 더 심각한데, 한국정보문화진흥원의 자료에 따르면 한부모가정의 자녀가 22.3%로 양부모가정의 자녀보다 8.4% 높은 인터넷 중독률을 나타냈고, 맞벌이가정의 자녀 56.3%가 인터넷 중독인 것으로 나타나 부모가 자녀를 지도할 여력이 없는 경우 인터넷 중독에 더욱 많이 노출되는 것으로 나타났다(박효수, 고영삼, 김정미, 2008). 이처럼 인터넷 중독에서 벗어나기 위해서는 개인의 의지와 함께 주변의 조력이 매우 필요하기에 교육봉사자가 봉사대상자에게 올바른 컴퓨터 사용에 대해 교육하는 것이 매우 중요하다.

4. 인터넷 과다사용에 대한 개입

앞에서 본 바와 같이 인터넷은 잘 사용하면 아주 효과적인 도구이지만, 과다사용으로 인한 폐해도 크기 때문에 이에 대한 개입이 필요하다. 봉사대상자들이 인터넷 과다사용의 신호를 보일 때 교육봉사자들은 어떻게 도움을 줄 수 있을지 살펴보자.

1) 인터넷 과다사용 및 중독 여부 점검

우선 봉사대상자가 인터넷을 어느 정도로 사용하고 있는지 파악하는 것이 필요하다. 이는 실제 봉사대상자가 많이 사용한다고 보고하더라도 과다사용 수준이 아닐 수도 있고, 적게 사용한다고 말한 경우에도 심각한 과다사용에 해당할 수 있기 때문에 실제 어느 정도로 사용하고 있는지 점검하는 것이 필요하다.

(1) 인터넷 중독 검사의 활용

인터넷 중독 검사는 봉사대상자가 현재 인터넷을 어느 정도로 사용하고 있으며, 문제가 되는 수준인지, 문제에 대한 개입이 필요한지 여부를 판단하기 위해 필요하다. 인터넷 중독 검사는 교육봉사자가 봉사대상자를 판단하는 데에도 도움이 되지만, 봉사대상자 스스로가 각성하는 계기를 마련하기도 한다. 막연하게 인터넷 사용시간이 많다고 생각하던 청소년이 인터넷 중독 고위험군으로 진단을 받으면 스스로 경각심을 가지고, 인터넷 사용시간을 줄여야겠다는 결심을 하게 되는 경우도 있다.

인터넷 중독에 대한 판단은 인터넷 중독에 관한 개념을 처음으로 제시한 골드버그(I. Goldberg)가 『정신장애의 진단 및 통계편람(*DSM-IV*)』의 병리적 도박 또는 약물남용 장애의 진단 준거에 맞추어서 진단척도를 제시한 이후 (Goldberg, 1996), 국내외에서 다양한 연구진이 진단척도를 제시하였다. 특히 2002년에는 정보통신부에서 인터넷 중독 자가진단 척도를 제시하였는데(정여주, 2005), 총 40문항으로 〈표 12-1〉과 같이 7개의 하위 요인으로 구성되어

〈표 12-1〉 인터넷 중독의 하위 요인[7]

하위 요인	요인명	내 용
1	일상생활 장애	인터넷 사용으로 인한 생활기능 저하, 갈등문제 발생 정도
2	현실 구분 장애	인터넷 사용으로 인한 현실과 가상세계 구분의 어려움 정도
3	긍정적 기대	인터넷 사용에 대한 기대와 인터넷 사용으로 인한 자유로움 정도
4	금단	인터넷을 못하게 되었을 때 불안, 초조 등을 유발하는 정도
5	가상적 대인관계 지향성	인터넷을 통한 인간관계 추구 및 지향성
6	일탈행동	인터넷 사용으로 인한 거짓말, 약속 어김, 속임 등의 정도
7	내성	점점 더 많은 시간 인터넷을 해야 만족감을 느끼고 사용 조절을 실패한 경험 정도

있다. 이 척도는 비교적 짧고 교육봉사활동 중에 즉석에서 쉽게 활용할 수 있다는 장점이 있다. 문항에 대한 예시는 〈부록 22〉에 제시되어 있다.

이 도구를 청소년에게 사용하기에 앞서 먼저 교육봉사자가 검사를 실시해 보고, 자신은 어떤지 판단한 이후에 청소년에게 사용할 것을 추천한다. 교육봉사자가 자신의 상태에 대해 이해하게 되면 청소년의 결과에 대한 이해도가 더 높아지고, 변화를 위한 노력을 함께해 나갈 수 있을 것이다. 검사를 실시한 결과는 인터넷 중독 검사 결과표(〈표 12-2〉 참조)와 대조해 보면 어떤 유형에 해당하는지 알 수 있다.

인터넷 중독 검사 결과표에서 보는 바와 같이 결과는 고위험 사용자군, 잠재적 위험 사용자군, 일반 사용자군으로 나누어지는데 유형별 특징을 자세히 살펴보면 다음과 같다.

---

7) 출처: 박효수, 고영삼, 김정미(2008). 인터넷중독실태조사. 조사보고 08-03.

⟨표 12-2⟩ 인터넷 중독 검사 결과표

연령 구분	총점 기준	요인 기준	유형 구분
초등학생	94점 이상	① 1번 요인 총점 21점 이상 ② 4번 요인 총점 16점 이상 ③ 7번 요인 총점 15점 이상 ④ ①~③ 중 한 가지 이상을 충족하는 경우	고위험 사용자군
	82~93점 사이	① 1번 요인 총점 18점 이상 ② 4번 요인 총점 14점 이상 ③ 7번 요인 총점 13점 이상 ④ ①~③ 중 한 가지 이상을 충족하는 경우	잠재적 위험 사용자군
	위 조건에 해당하지 않는 경우 일반 사용자군		
중·고등학생	108점 이상	① 1번 요인 총점 26점 이상 ② 4번 요인 총점 18점 이상 ③ 7번 요인 총점 17점 이상 ④ ①~③ 중 한 가지 이상을 충족하는 경우	고위험 사용자군
	95~107점 사이	① 1번 요인 총점 23점 이상 ② 4번 요인 총점 16점 이상 ③ 7번 요인 총점 15점 이상 ④ ①~③ 중 한 가지 이상을 충족하는 경우	잠재적 위험 사용자군
	위 조건에 해당하지 않는 경우 일반 사용자군		

- 고위험 사용자군: 인터넷 사용으로 인하여 일상생활에서 심각한 장애를 보이면서 내성 및 금단 현상이 나타난다. 사이버 공간에서의 대인관계가 대부분이고, 해킹과 같은 비도덕적 행위와 막연한 긍정적 기대가 있으며, 현실 생활에서 인터넷에 접속하고 있는 듯한 착각을 하기도 한다. 이들의 접속시간은 중·고생의 경우 1일 약 4시간 이상, 초등생은 약 3시간 이상이며, 중·고생은 수면시간도 5시간 내외로 줄어든다. 대개 자신

이 인터넷 중독이라고 느끼며, 학업에 곤란을 겪는다. 또한 심리적으로 불안정감, 대인관계 곤란감 및 우울한 기분 등을 흔하게 느끼고, 성격적으로 자기조절에 심각한 어려움을 보이며, 무계획적인 충동성도 높은 편이다. 현실세계에서 사회적 관계에 문제가 있으며, 외로움을 느끼는 경우도 많다. 인터넷 중독 경향성이 매우 높으므로 관련 기관의 전문적 지원과 도움이 필요하다.

• 잠재적 위험 사용자군: 고위험 사용자에 비해 보다 경미한 수준이지만 일상생활에서 장애를 보이며, 인터넷 사용시간이 늘어나고 집착을 하게 된다. 학업에 어려움이 나타날 수 있고 심리적 불안정감을 보이지만, 절반 정도의 학생은 자신이 아무 문제가 없다고 느낀다. 대체로 중·고생은 1일 3시간 정도, 초등생은 2시간 정도의 접속시간을 보이며, 다분히 계획적이지 못하고 자기조절에 어려움을 보이며 자신감도 낮아진다. 인터넷 과다사용의 위험을 깨닫고 스스로 조절하고 계획적인 사용을 하도록 노력할 필요가 있다. 인터넷 중독에 대한 주의가 요망되며, 학교 및 관련 기관에서 제공하는 건전한 인터넷 활용 지침을 활용할 수 있다.

• 일반 사용자군: 중·고생의 경우 1일 약 2시간, 초등생은 약 1시간 정도의 접속시간을 보이며, 대부분이 인터넷 중독문제가 없다고 느낀다. 심리적 정서문제나 성격 특성에서도 특이한 문제를 보이지 않으며, 자기행동을 관리한다고 생각한다. 주변 사람들과의 대인관계에서도 자신이 충분한 지원을 얻을 수 있다고 느끼며, 심각한 외로움이나 곤란감을 느끼지 않는다. 때때로 인터넷의 건전한 활용에 대하여 자기 점검을 지속적으로 수행한다.

이상 검사결과에 대한 유형 구분을 참조하여 봉사대상자가 일반 사용자군으로 나타나면 앞으로도 컴퓨터 사용시간을 조절할 수 있도록 일반적인 지침을 알려 주고 주기적으로 사용 행태를 점검한다. 잠재적 위험 사용자군이

나 고위험자군의 경우에는 결과를 바탕으로 인터넷 사용 행태나 활동에 대
해 앞으로 어떤 변화나 개입이 필요한지 논의할 수 있고, 전문 조력기관에 도
움을 요청할 수도 있다.

(2) 면담 및 행동관찰을 통한 판단

봉사대상자가 인터넷을 과다 사용한다고 생각될 경우, 단순히 '많이 한
다' 는 학생의 보고에만 중점을 두고 판단할 것이 아니라 구체적으로 인터넷
을 이용하는 실태가 어떠한지 질문을 하거나 행동관찰을 통해 판단할 수도
있다. 평소 봉사대상자의 행동이나 생활을 관찰하였다가 다음 내용과 같은
단서가 나타나면 인터넷 과다사용을 의심해 볼 수 있다(김성이, 오익수, 구본
용, 황순길, 지승희, 2002). 이러한 행동이 많이 관찰될 경우 인터넷 중독검사
를 통해 한 번 더 확인하거나 면담을 통해 판단하여 인터넷 사용시간 조절을
위한 노력을 할 수 있다.

- 항상 인터넷 혹은 컴퓨터에 대한 생각, 독서, 이야기를 한다.
- 인터넷으로 인해 일상적인 사회적 관계형성을 수줍어서 피하고 친구 사
  귀는 것을 피한다.
- 인터넷의 과다사용으로 사람들과의 관계에서 인내심이 없어지고 일상
  적인 스트레스와 압력에 참을성이 없다. 그리고 다른 사람들이 해당 청
  소년에게 분명한 이유 없이 초조해하고 쉽게 화를 낸다고 지적한다.
- 보다 쉽게 감기에 걸리고 고통을 호소하거나 다른 신체적 증상을 보인다.
- 강박적으로 인터넷을 사용하며 다른 알코올, 약물과 같은 물질 남용 혹
  은 다른 중독행동을 보인다.
- 최신 버전의 게임, 컴퓨터 기기 등을 갖기를 강렬하게 원하며 그것을 갖
  지 못할 때는 좌절감을 느낀다.
- 인터넷의 고수 혹은 컴퓨터 게임의 일인자라고 믿거나 자신의 능력이

그러한 믿음에 부응하지 못하는 경우 좌절감을 느낀다.
- 인터넷의 과다사용으로 인해 가족 및 친구 관계에서 고립되어 있다고 느낀다.

2) 인터넷 과다사용의 원인에 대한 이해

인터넷을 과다 사용하는 청소년을 돕고 지도하기 위해서는 왜 인터넷을 좋아하고 빠져들게 되는지 원인을 이해하는 것이 필수적이다. 원인에 대한 충분한 이해도 없이 인터넷을 끊어 버린다든지, 컴퓨터를 쓰지 못하게 한다면 청소년들은 자신들을 무시한다고 느끼거나 대화가 통하지 않는다고 생각하며 마음의 문을 닫기 쉽다.

일반적으로 인터넷을 과다 사용하게 되는 첫 번째 원인은 대안활동이 없기 때문이다. 우리나라의 경우 적절한 놀이문화가 없고 학업에 대한 강조만 하다 보니 여가 시간이 주어져도 청소년은 무엇을 하면서 시간을 보내야 할지 모르는 경우가 많다. 그런데 인터넷에 접속하면 뉴스, 게임, 채팅, 영상 등 다양한 볼거리가 있고, 하나의 사이트는 다른 사이트로 이어지며 계속해서 주어지는 자극으로 인해 청소년들이 눈을 뗄 수 없게 되는 것은 어쩌면 매우 당연한 결과다. 박승민(2005)에 따르면 방학 시기에 컴퓨터 사용량이 크게 증가하는데 이는 시간은 많은 것에 비해 놀거리를 찾지 못하는 청소년의 상황을 보여 주는 것이라 생각된다.

두 번째 원인은 또래의 영향이다. 함께하는 친구들이 게임을 좋아하고 인터넷과 관련된 화제를 많이 나눈다면 공감대 형성을 위해 자연스레 인터넷 사용량이 늘어날 수밖에 없다. 특히 남학생의 경우 수업이 끝나면 함께 게임방에 다니거나, 서로 팀을 구성해서 온라인 게임을 하는 등 여가시간을 보내는 방법이 게임과 관련되는 경우가 많아 인터넷 과다사용의 유혹을 뿌리치기가 쉽지 않다. 여학생의 경우에는 채팅과 웹서핑 등을 많이 하는데, 이 역시 관계 맺기의 일환으로 이러한 활동에 전혀 참여하지 않는다면 소외감을 느낄 수도 있다. 이러한 청소년문화를 이해하지 않고 인터넷 사용문제에 접근한다면 오히려 청소년들과 갈등을 유발할 수도 있다.

세 번째 원인은 개인의 성향이다. 우울하고 낮은 자존감을 지닌 사람들은 대인관계에서 소외감을 많이 느끼고 인터넷을 통해서 외로움을 해소하고자 한다. 실제로 인터넷에 몰입하는 사람들이 그렇지 않은 사람들보다 더 우울한 경향이 높은 것으로 발견되었고(김종범, 2000; 윤재희, 1998). 청소년의 경우에도 대인관계에서 만족감을 느끼지 못하거나 왕따를 경험한 학생들이 주로 장시간 게임에 파묻혀 지내거나 인터넷상에서 맺은 관계에 집중하며 가상의 관계를 통해 현실의 소외감을 달래는 경우를 볼 수 있다.

네 번째 원인은 회피의 방편이다. 학업에서 실패하거나 혹은 가족이나 친구 문제 등 해결하기 어려운 문제에 직면했을 때 답답한 현실에서 도피하기 위한 방법 중 하나로 컴퓨터를 선택할 수 있다. 웹에 접속하고 있는 동안에는 현실의 문제를 잊고 지낼 수 있기 때문이다. 이런 경우 컴퓨터를 하는 것이 일시적인 도망일 뿐 문제는 변함이 없다는 것을 알려 주고 현실의 상황을 직면하도록 돕는 것이 필요하다.

이처럼 원인이 무엇인지에 따라서 접근하는 방법이 달라지게 되므로 과다사용의 원인 및 과정에 대한 이해는 청소년을 도울 수 있는 매우 중요한 단서를 제공하게 된다. 따라서 봉사대상자의 인터넷 과다사용이 의심될 경우 학생과의 대화를 통해서 어떤 과정으로 인터넷 사용이 늘어나게 되었는지 이해하는 것이 필요하다.

3) 개입 및 결과 점검

(1) 개입과정

인터넷 과다사용에 대한 개입은 청소년의 마음을 이해하고 공감하여 청소

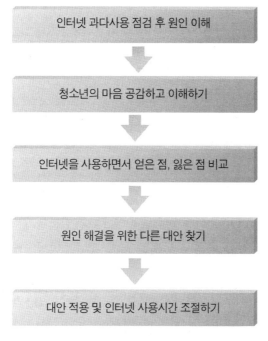

인터넷 과다사용 점검 후 원인 이해

청소년의 마음 공감하고 이해하기

인터넷을 사용하면서 얻은 점, 잃은 점 비교

원인 해결을 위한 다른 대안 찾기

대안 적용 및 인터넷 사용시간 조절하기

[그림12-1] 인터넷 중독 개입과정

년으로 하여금 새로운 대안을 찾는 과정을 함께하는 것이라 생각할 수 있다.
개입의 전체 과정을 살펴보면 [그림 12-1]과 같다.

앞서 서술한 대로 인터넷의 과다사용을 점검하고 원인을 파악하고 난 뒤
에는 본격적인 개입과정에 들어간다.

첫째, 인터넷을 과다사용하게 된 청소년의 마음을 공감하고 이해해야 한
다. 진심으로 청소년을 이해하게 되면 왜 그들이 인터넷을 과다 사용할 수밖
에 없는지, 벗어나는 과정이 얼마나 어려운지를 이해하게 되고, 청소년과 눈
높이를 맞추어서 대안을 찾을 수 있게 된다.

둘째, 인터넷을 사용하면서 얻은 점과 잃은 점이 무엇인지 비교해 보도록
한다. 무조건 나쁜 점만을 찾아서 이야기하면 그 이야기는 설득력을 잃기
쉽다. 그러므로 인터넷 사용의 긍정성을 인정하면서 부정성도 찾아보도록

한다.

셋째, 과다사용의 원인이 된 문제를 해결할 수 있는 다른 대안을 찾아본다. 예를 들어, 친구를 사귀기 위해 인터넷을 사용했다면 다른 방법을 통해 친구를 사귈 수는 없는지 함께 대안을 찾아보는 시간을 갖는다. 이때 청소년은 앞 단계에서 인터넷을 통해 친구를 사귀는 방법이 부정적인 영향을 줄 수 있다는 것을 확인한 뒤이기 때문에 좀 더 쉽게 대안을 찾고자 마음 먹을 수 있다.

넷째, 대안 적용하기와 함께 인터넷 사용시간을 줄일 수 있는 노력을 시작한다. 예를 들어, 원인이 되었던 문제를 해결하기 위해 친구를 사귈 수 있는 다른 방법을 찾으면서 동시에 인터넷을 줄일 수 있도록 일일시간표를 만들거나 인터넷을 대신할 다른 활동들을 함께 찾아보면서 인터넷 사용시간을 줄여 나간다.

이 과정에서 주변의 지지와 활용할 수 있는 자원이 있다면 좀 더 효과적인 결과를 낼 수 있다. 인터넷 중독은 혼자만의 힘으로 극복하기 어려운 경우가 많고, 극복하려고 시도한 이후에도 주변의 지지가 없으면 다시 중독 증상으로 돌아가는 경우가 많다. 박승민(2005)에 따르면 게임 중독 행동을 조절하는 과정과 관련한 개인 내적 요인으로 '의지'가 중요한 동인이 된다. 청소년이 인터넷 중독에서 벗어나겠다는 군건한 의지를 갖는 것은 삶에 대한 목표와 계획이 분명해야 가능할 것이다. 청소년은 미래와 진로에 대해 막연한 생각을 하거나 현실감을 갖지 못하는 경우가 많고, 특히나 인터넷 중독 청소년은 자신이 가지고 있는 가능성을 제대로 인지하지 못한 채로 암울한 미래를 생각하면서 현실을 흘려보내는 경우가 많다. 봉사대상자와 많은 대화를 통해 하고 싶은 일을 함께 발견하고 이를 바탕으로 미래를 위한 계획을 세우도록 도움을 주도록 하자. 또한 부모님이나 교사, 전문 상담가 등 활용할 수 있는 자원이 있다면 함께 협력해서 도움을 주도록 하자. 교육봉사자 혼자서 감당하는 경우보다 더 나은 결과를 얻을 수 있을 것이다.

이러한 개입과정을 실제 사례를 중심으로 생각해 보면 다음과 같다.

인터넷 과다 사용 개입 사례

교육봉사활동 시간을 활용하여 인터넷 중독 검사를 실시하고 결과를 확인한다.

〈고위험군이 나온 경우〉
• 검사결과를 가지고 봉사대상자와 이야기를 나눈다.

"민영이(가명)는 결과를 보니까 어때? 결과가 맞는 것 같니?"
"맞다면, 어떤 점 때문에 이런 결과가 나온 것 같아?"
"아니라면, 어떤 점이 다를까?"
"결과를 보면 민영이의 인터넷 사용시간이 확실히 많은 것 같은데, 선생님이랑 같이 조절해 보면 어떨까?"

• 봉사대상자가 함께 조절해 보기로 합의하면 원인과 과정에 대한 이해로 넘어가고 그렇지 않은 경우에는 좀 더 설득하는 과정을 지속한다.

"민영이는 인터넷을 하면 어떤 게 좋아?"
"(친구들이 저를 인정해 줘요.) 아……, 그렇구나. 친구들한테 인정을 받게 되는구나."
"그전에는 친구들하고 어땠는데?"
"친구들 사이에서 어떤 모습이 되고 싶은데?"

• 봉사대상자의 인터넷 과다사용 원인을 이해하게 되면, 그 원인을 중심으로 개입을 한다. 이 사례의 경우에는 과다사용의 원인이 친구들과 관계를 잘 맺고 싶은 마음에 있으므로 친구 사귀는 방법과 대인관계를 잘 맺는 방법을 찾아본다.

"그래…… 친구를 사귀는 것도 아주 중요하지. 그런데 이야기를 들어 보니까 컴퓨터 시간이 늘어나면서 성적도 떨어지고 민영이도 그 점은 싫은 것 같은데, 컴퓨터를 쓰면서 얻은 점과 잃은 점은 뭘까?"
"그동안 친했던 친구들을 떠올려 보자. 친구들을 사귈 때는 어떻게 사귀게 되었어? 선생님이랑 같이 방법을 찾아보자."

> • 친구 사귀는 방법을 찾아봄과 동시에 인터넷 사용시간을 줄이는 것을 합의하고, 사용시간 점검표를 함께 만든다.
>
> • 활동시간마다 인터넷 사용시간을 점검하고, 결과에 따라 칭찬을 해 주며, 잘되지 않더라도 쉽지 않은 일이라는 것을 알려 주면서 야단보다는 격려를 지속한다.
>
> 〈일반 사용자군이 나온 경우〉
> "결과를 보니, 일반 사용자군이구나. 앞으로도 지금처럼 적절한 시간 동안 게임을 할 수 있도록 선생님이랑 주기적으로 점검해 보면 어떨까?"

이때 각 단계별로 앞서 소개된 활동(〈활동 12-1, 2, 3〉 참조)을 활용할 수 있다.

(2) 개입 결과 확인 및 추수지도

인터넷 과다사용에 대한 개입을 실시하였다면 개입이 효과가 있었는지 확인하는 과정이 필요하다. 이를 위해서 하루에 몇 시간 동안 인터넷을 사용하였는지 진전도를 살펴보는 표를 만들어서 그래프를 그려 보는 것도 좋은 방법이 된다. 확인 결과 인터넷 사용량이 줄어들었다면 좋은 결과를 낸 봉사대상자에게 많은 지지와 칭찬을 해 주어야 한다. 경우에 따라서는 긍정적인 결과를 유지하는 강화로 작은 선물이나 간식을 주거나 상장을 만들어 주는 등 청소년이 인터넷 시간을 조절하는 노력을 유지할 수 있도록 강화물을 제공한다.

그리고 중요한 것이 '어떻게 이런 결과를 만들어 낼 수 있었는지?' '가장 도움이 된 방법은 무엇인지?' '어려웠던 점은 없었는지?' 등과 같은 질문을 통해 성공을 이끌어 낸 요인을 함께 확인하는 작업이다. 이 과정을 통해서 청소년도 자신의 노력을 점검해 보고 성공요인을 지속할 수 있게 된다.

그러나 인터넷 사용 조절은 성인에게도 쉽지 않은 일이기에 실패하는 경우도 많다. 교육봉사자는 과다사용에 대한 개입을 할 때 실패의 가능성을 늘 염두에 두고 진행해야 한다. 그럴 때 교육봉사자는 "함께 노력했는데, 결과가 좋지 않아서 실망스럽겠다. 그렇지만 인터넷 시간을 조절하는 것은 쉬운 일이 아니야. 어른들도 잘하지 못해서 몇 번씩 다시 조절하고 하거든. 네가 줄이기 위해 노력했고 이런 저런 시도를 했다는 것 자체가 중요한 거야."라고 격려해 주는 것이 필요하다.

과다사용에 대한 개입을 통해 인터넷 사용시간에 대한 조절이 어느 정도 가능하게 되었다면 이러한 태도가 유지될 수 있도록 격려와 지지를 보내는 것이 필요하다. 일단 한번 조절하고 나면 이후에도 할 수 있다는 자신감을 갖게 될 것이다.

제13장
문화활동 지도

1. 문화활동의 의미 및 중요성

공연을 보러 갔다가 공연이 끝났는데도 멋진 무대에 대한 감동 때문에 자리를 쉽게 뜨지 못한 경험들이 있을 것이다. 이 감동은 한 주 동안 생활하는 데 활력을 주기도 하고, 때로는 인생에 대한 통찰을 주기도 하며, 새로운 계획에 대한 비전을 제시하기도 한다. 이러한 종류의 체험은 의식주의 해결과 같이 생존과 직결되는 것은 아니지만 우리의 삶을 훨씬 더 풍요롭게 하고 행복감을 증진시킨다.

우리는 이런 경험을 흔히 문화활동이라 하는데, 문화 자체의 개념은 복잡하고 다양하여 쉽게 정의하기 어려우므로 교육봉사에서 이루어지는 활동을 중심으로 의미를 생각해 보고자 한다. 교육봉사활동은 학습지도가 주 내용이지만 인성이나 진로 교육, 생활지도 등이 함께 이루어진다. 더불어 다양한 문화체험을 통해 청소년들의 경험을 확대하고 인생에 대한 인식을 넓히며 풍요롭고 다채로운 삶을 살 수 있도록 문화적 감수성을 키우는 데도 초점을 둔다. 이러한 활동이 바로 문화활동이며 여기에는 음악이나 무용, 연극을 비롯해 다양한 전시회, 체육활동, 문학, 영화 등이 포함된다. 즉, 여기서는 문화활동을 음악이나 무용, 연극 등 문화적 콘텐츠를 체험하여 청소년의 경험 확대와 문화적 감수성을 키우고 삶의 질을 높일 수 있는 활동으로 정의한다.

문화활동은 여러 가지 측면에서 중요성을 지닌다. 첫째, 청소년기는 문화적 감수성이 풍부하고(유영주, 2007) 다양한 경험을 흡수하는 시기이기 때문에 문화 체험이 미치는 영향이 매우 크다. 이 시기의 경험은 스펀지처럼 청소년에게 흡수되어 성인기에 사회를 바라보는 가치관 형성에도 영향을 미친다. 실제로 청소년은 많은 것을 경험하고 느끼고 소통하고 싶어 하지만, 참여할 수 있는 기회가 많지 않으며 시간 자체가 부족한 경우가 많다.

둘째, 청소년기에 경험하는 문화활동은 정체성 발달에 도움을 주고, 내재적으로 만족감을 증진시켜 높은 자아존중감 형성에도 도움을 준다(장맹배, 2001). 뿐만 아니라 단순히 교과서를 보고 공부하는 학습과 달리 체험이 함께 이루어진 학습은 오랜 기간 기억되고, 즐거운 학습, 즐거운 공부의 경험을 하도록 해 청소년의 학습동기를 향상시킬 수 있다.

셋째, 청소년은 문화활동을 통해 자신을 표현하는 다양한 방법을 알게 된다. 이 시기 청소년은 많은 에너지를 지니고 있으나 이 에너지가 적절히 표출될 수 있는 통로가 없고 스스로도 혼란스러워 일그러진 형태로 에너지가 나타나기도 한다. 이때 적절한 문화적 체험이 이루어진다면 청소년이 건전하게 에너지를 발산할 수 있는 통로를 만들어 주어, 청소년문제에 대한 예방적 기능을 할 수 있다.

마지막으로 저소득층의 문화경험 확대에 기여할 수 있다. 2006년 문화향수 실태조사에 따르면 문화예술 관람에서 계층별로 큰 차이가 나타났는데, 참여자 대부분의 예술활동은 '영화 관람'이었고, 문학행사나 미술전시회, 클래식 음악회, 오페라, 연극, 무용 등의 문화예술 관람은 소수의 대중만이 즐기고 있었다(김화자, 2008). 월평균 가구소득이 300만 원 이상인 가구에는 연간 예술행사를 4회 이상 관람한 경우가 37.6%에 달했지만, 100만 원 이하 저소득층의 경우 연간 예술행사를 관람한 적이 없다는 응답이 79.1%에 해당해 경제적 부담이 여가활동 장애의 가장 큰 이유였다. 실제 교육봉사를 통해 만나게 되는 청소년 중에는 저소득층 청소년도 상당수 포함되어 있다. 따라서 문화활동을 통해 봉사대상자가 다양한 경험을 한다면 삶에 대한 비전을 만들어 가는 데도 큰 도움을 줄 수 있다. 실제로 문화활동은 청소년이 매우 선호하는 활동 중에 하나로 교육봉사의 일환인 멘토링 참여자의 소감을 통해서도 확인할 수 있다.

> "문화활동을 한 게 가장 기억에 남고 좋았어요. 영화 보고 같이 밥도 먹고 함께 어울려서 시간을 보내는 게 가장 좋았던 것 같아요."
> "문화활동 갔었는데요, 그때 뚝섬에 갔던 것 같아요. 가서 자전거 타고 애들이랑 분수대 가서 놀고, 선생님이랑 사적인 이야기도 하고…… 그때는 그냥 자유로웠어요."
> "문화활동 갔던 것이 가장 기억에 남아요. 영화 두 번 보고, 공원 가고, ○○○미술관에 갔어요. 공원 가서 애들이랑 자전거 타고, 분수대에서 놀고, 박물관 구경한 것이 기억이 남아요."
> – S대 멘토링 프로그램 참가자, 2008 대학생 멘토링 사업운영보고서 中 –

소감을 통해서도 확인할 수 있듯이 멘토링 참가자들은 가장 기억에 남는 활동이 문화활동이라고 응답하였으며, 이 활동을 통해 친구들 및 멘토와 좀 더 친밀한 관계를 맺고 여가시간을 보낸 것에 만족하고 있음을 보여 주었다. 이처럼 문화활동은 봉사대상자 개인의 경험 확대와 역량 강화뿐 아니라 사회성 증진에도 기여하고 있으며 교육봉사시간을 교실 밖 학습의 장으로 바꾸어 좀 더 다채롭고 흥미있게 만든다. 문화활동을 잘 구상하여 교육봉사 시간을 운영하면 보다 재미있고 유익한 활동을 할 수 있을 것으로 기대한다.

2. 문화활동의 내용

　문화활동의 영역은 매우 다채롭고 다양하여 일일이 열거할 수 없지만, 교육봉사자가 문화활동을 구상하는 데 도움이 되도록 간단한 안내를 하고자 한다. 문화활동을 할 수 있는 영역은 매우 다양하지만 간략히 정리해 보면 〈표 13-1〉과 같다. 봉사대상자의 나이와 성향, 선호에 따라 방문할 수 있는 곳이 달라지므로 사전에 봉사대상자와 충분한 논의를 거친다면 창의적이고 재미있는 문화활동을 할 수 있을 것이다.

　또한 지역에서 멀지 않은 1～2시간 이내의 장소로 선별하고, 진행하고 있는 교육봉사의 내용을 고려하여 문화활동의 목표를 정한다면 큰 무리 없이 진행할 수 있을 것이다. 그리고 문화활동은 교육적 효과도 중요하지만 일단 학생들이 즐거움을 느껴야 한다는 점이 가장 중요하므로 그 점을 꼭 고려해야 한다. 영역별 특징을 간단히 살펴보면 다음과 같다.

〈표 13-1〉 문화활동의 내용

문화활동의 내용	내용별 예시
예술공연 및 영화 관람	음악회, 무용발표회, 연극, 뮤지컬, 국악공연 등
전시장 방문	미술관, 박물관, 사진전, 조각공원, 전람회, 과학전시장 등
체험장 방문	도예체험, 농촌체험 등
문화유산 및 유적지 방문	지역 내 유적지 등
지역 내 문화시설 방문	서점, 도서관, 청소년 미디어 센터 등
여가 활동	스포츠, 공원, 등산, 놀이동산, 수목원 등
진로 관련 기관 방문	평소 봉사대상자가 관심 있어 하는 직업과 관련된 기관 예) 신문사, 방송국, 직업체험관 등

1) 예술공연 및 영화 관람

　예술공연에는 음악회나 무용발표회, 연극, 뮤지컬, 국악공연 등 다양한 종류의 공연이 해당된다. 예술공연의 경우 청소년이 쉽게 접할 수 없는 경우가 많아 교육봉사활동을 통해 관람하게 되면 적절한 문화적 자극을 제공하고, 문화적 감수성을 키울 수 있는 좋은 기회가 되리라 생각된다. 이 공연들은 수업을 통해서 이론으로만 배웠던 음악이나 연극, 무용 등의 세계를 접하면서 좀 더 일상적으로 예술을 느끼고, 정서적인 여유를 경험하여 삶의 질을 높이는 계기가 될 것이다.

　다만, 예술공연의 경우 공연시간이 보통 2시간 정도 되므로 긴 시간 앉아 있게 되면 저연령층의 봉사대상자들은 힘들게 느낄 수 있으므로 이런 점을 미리 고려하여 활동내용을 선정한다. 또한 관람예절을 사전에 숙지시켜 다른 관람객들과 공연을 잘 즐길 수 있도록 지도한다. 그리고 예술공연은 대체로 입장료가 비싼 경우가 많아 교육봉사활동을 통해 참여하기에는 어려운 경우도 있을 것이다. 이런 경우에는 지역 홈페이지(시 또는 도)를 참고하면 문화영역에서 '청소년을 위한 음악회' 라든지, 지역민들을 위해 저렴하게 제공하는 연극공연들이 있으므로 이를 활용하면 좋을 것이다. 혹은 문화 바우처[1] 사업에서 지정된 프로그램을 관람하는 것도 하나의 방법이 될 수 있다.

　영화 관람은 봉사대상자들이 좋아하면서도 쉽게 선택할 수 있는 활동이다. 매번 새로운 영화가 나오기 때문에 선택의 폭이 다양하고 가까운 곳에 위치한 영화관을 이용할 수 있어 목적지까지 이동하는 시간이 적다는 장점이

---

1) 문화 바우처 제도란 복권기금의 지원으로 문화예술위원회의 '신나는 예술여행' 이 문화관광부의 문화 바우처 사업과 통합, 확대되어 문화예술활동을 하고픈 소망이 있지만 경제적 여건으로 인하여 어려움이 있는 대상(기초생활수급권자 및 차상위 계층)들에게 공연·영화·전시 등 다양한 문화예술을 접할 수 있는 기회를 제공하는 프로그램이다. 서울을 포함한 16개 시·도 지역에 문화 바우처 사업을 주관하는 주관처가 있다. 개인 및 단체로도 신청이 가능하며 개인별로 연간 5,000점 이내에서 자유롭게 프로그램을 즐길 수 있다(http://www. cvoucher.kr).

있다. 다만, 손쉽게 선택할 수 있는 활동이다 보니 영화 관람만을 주로 선택하다 보면 봉사대상자들이 다양한 경험을 하기 어렵고, 의미를 남길 수 있는 영화보다는 단순히 재미와 오락에 치우친 영화를 선택하게 될 가능성이 많다는 점을 주의해야 한다. 그리고 영화를 선택하는 과정에서 봉사대상자 간에 의견 차이가 있을 수 있으므로 서로 간에 잘 조율해서 선택할 수 있도록 교육봉사자가 중재역할을 해야 한다.

2) 전시장 방문

전시장 방문은 미술관이나 사진전, 조각공원, 박물관, 과학전시장 등과 같이 예술작품이나 구조물 등을 관람하는 것을 뜻한다. 전시장은 책에서만 보았던 예술작품들을 실제로 보면서 멀게만 느껴지던 예술 영역을 가까이 접하고 문화적 욕구를 충족시킬 수 있는 기회를 제공한다. 또한 박물관이나 과학 전시장은 교과서에서 배웠던 역사적 내용과 과학적 사실을 전시장에서 확인할 수 있어 학습영역에도 도움이 된다. 박물관도 자연사 박물관, 로봇 박물관, 장난감 박물관 등 전시물에 따라 다양한 주제를 접할 수 있으므로 사전에 정보를 수집해서 찾아가면 흥미를 끄는 관람을 할 수 있을 것이다. 전시장 방문은 관람 시간이 정해져 있는 것이 아니므로 봉사대상자의 특성에 따라 교육봉사자가 관람시간을 자유롭게 조절할 수 있고 공연에 비해 가격이 저렴하다는 장점이 있다.

그러나 전시장이 멀리 있는 경우에는 이동이 불편하다는 단점이 있고, 정적인 활동을 좋아하지 않는 봉사대상자들은 지루하다고 느낄 수 있다. 전시장 방문은 특히 남학생들이 좋아하지 않는 경향이 있으므로 과학전시장이나 로봇 박물관 등 주제를 고려할 필요가 있다.

3) 체험장 방문

체험장은 앞의 문화활동이 수동적으로 주최 측에서 제공하는 예술작품이나 전시물을 관람하는 것과는 대조적으로 직접 현장에 참여하여 경험할 수 있는 활동으로 구성된다. 예를 들어, 도예 체험과 같이 직접 예술작품을 만드는 일에 참여하거나, 농촌 체험과 같이 지금까지 해 보지 못했던 활동을 할 수 있는 경험이 포함된다. 체험장은 이처럼 직접 경험을 할 수 있는 것이 가장 큰 장점이라고 할 수 있는데, 봉사대상자들이 함께 참여하는 과정에서 재미와 보람을 느끼게 된다. 그리고 다양한 활동을 하면서 봉사대상자들 간에는 친밀감을 형성할 수 있다.

그러나 체험의 특성상 긴 시간이 소요되는 경우가 많으며 체험장을 찾는 것이 쉽지가 않아 교육봉사자가 사전에 많은 준비를 해야 한다는 단점이 있다.

4) 문화유산 및 유적지 방문

문화유산 및 유적지 방문은 학습의 연장선상에서 역사적으로 의미 있는 문화유산이나 유적지를 방문하는 것이다. 이때의 방문지는 아주 크게 이름난 지역이 아니더라도 교육봉사활동 시간 중에 배웠거나 의미가 있다고 생각되는 곳을 방문할 수 있다. 지역마다 자료를 검색해 보면 역사적으로 가치 있는 문화유산이나 유적지를 찾을 수 있는데 봉사대상자들과 논의하여 문화활동 시간 중에 이러한 지역을 방문하게 되면 즐거운 시간을 보내면서 학습도 익히는 두 가지 효과를 누릴 수 있다.

다만, 너무 딱딱하게 프로그램을 구성하게 되면 봉사대상자들이 지루하게 느낄 수 있으므로, 문화유산을 방문하면서도 재미를 느낄 수 있도록 퀴즈를 준비해 가거나 숨겨진 이야기들을 준비해 가는 등 교육봉사자가 사전에 재미를 줄 만한 요소를 만들어 두는 것이 좋다.

5) 지역 내 문화시설 방문

문화활동은 예술공연을 본다거나, 전시물을 관람하는 등 문화적인 내용을 직접 접하는 활동으로 구성할 수 있지만 서점이나 도서관, 청소년미디어센터 등과 같이 문화적인 내용을 간접적으로 접할 수 있는 지역시설을 방문할 수도 있다. 이러한 시설은 시에서 건립하여 관리하는 경우가 많으므로 입장료가 저렴하고 가까운 곳에 위치해 있다는 장점이 있다. 또한 봉사대상자가 이러한 시설을 이용하는 습관을 들이게 되면 평소에도 책이나 영화와 같은 매체를 접할 기회가 많아지므로 풍부한 문화생활을 할 수 있다. 더불어 최근에는 이러한 지역 기관의 시설이 현대화되고 도서관에서 영화를 보고 컴퓨터를 사용하는 등 다양한 서비스를 제공하고 있으므로 편리하게 시설을 이용할 수 있다.

단점으로는, 봉사대상자들에게 문화활동이 특별한 의미를 남기는 장소를 방문하는 것이라기보다는 일상의 연장이라는 이미지를 줄 수 있고, 봉사대상자들이 재미가 없다고 느낄 수 있으므로 문화활동이 끝난 후에 서로 충분히 이야기할 수 있는 시간을 가진다든지, 좋아하는 책 빨리 찾기 게임처럼 즐거운 활동을 찾아내는 것이 필요하다고 할 수 있다.

6) 여가활동

여가활동도 봉사대상자들이 매우 좋아하는 활동 중 하나다. 평소에는 수업이나 숙제 등 학업에 대한 부담 때문에 편하게 여가를 즐기지 못하는 청소년이 많다. 따라서 교육봉사를 통해서 스포츠 관람을 가거나 놀이동산, 등산, 수목원, 겨울에는 눈썰매장 등을 찾아가게 되면 어느 때보다도 즐거워하고, 봉사대상자 간에도 다양한 상호작용을 할 수 있어 친밀감이 높아지는 장점이 있다.

단점으로는 거리가 먼 곳이 많고, 놀이동산의 경우에는 비용이 많이 들어 방문하기에 부담이 될 수 있으므로 가까운 거리에 여가활동을 할 만한 곳이 있는지 알아 두는 것이 좋다.

7) 진로 관련 기관 방문

진로 관련 기관 방문은 평소 봉사대상자들이 관심 있어 했던 직업과 관련된 기관을 방문해서 직업세계에 대해서 알아보고 적극적인 진로계획을 세울 수 있도록 도와주는 활동이다. 청소년들의 경우 꿈에 대해 막연하게 생각하고 실제 어떤 식으로 일을 하는지는 알지 못하는 경우가 많다. 따라서 실제 현장을 방문하여 참여 관찰을 함으로써 어떤 점이 좋고 어떤 점이 어려운지 현실적인 내용들을 알게 되면 진로설계에 많은 도움을 받을 수 있을 것이다.

방문지는 신문사나 방송국, 게임회사, 직업체험관 등 봉사대상자들의 희망 직업에 따라서 많이 달라질 수 있을 것이다. 희망하는 방문지에 인적 네트워크가 없는 경우에는 교육봉사의 취지를 알리고 기관의 허락을 얻어서 방문할 수 있다. 이 경우 사전에 허락을 얻어서 충분히 해당 직업의 면모를 보도록 하고, 관련직에 있는 분의 설명을 들을 수 있다면 더욱 좋을 것이다.

3. 문화활동의 운영

문화활동은 목적지를 그냥 방문하면 된다고 생각하기 쉽지만, 사전에 준비 없이 문화활동을 진행하게 되면 단지 하루 즐겁게 시간을 보낸 것 이상의 의미를 남기기는 어렵다. 문화활동의 기본은 우선 즐겁게 문화체험을 한다는 것이지만, 다음의 내용을 숙지한다면 보다 안전하고 유익하게 시간을 보낼 수 있을 것이다.

1) 문화활동의 절차

(1) 방문지 결정

문화활동을 가기 전에 어떤 곳을 갈 것인지 결정하는 과정이 필요하다. 이를 위해서 교육봉사자가 사전에 정보를 탐색해서 학생들에게 알려 줄 수도 있고, 학생들이 논의해서 문화활동지를 결정하도록 할 수도 있다. 때로는 '방문지 결정'이라는 주제를 두고 학생들 간에 토론을 거치도록 하여 적절한 토론과정을 배우는 경험을 하도록 할 수 있다. 이 방법은 초등학생에게도 충분히 사용 가능하다.

방문지를 결정할 때는 그날의 목적이 무엇이 되어야 하는지 생각해 보고 결정한다. 막연히 새로 시작하는 영화가 있다거나 전시회가 있다는 정보만

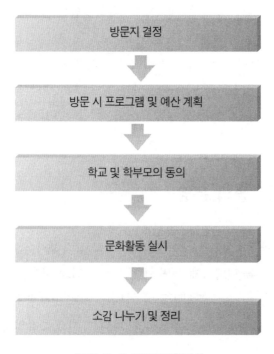

[그림 13-1] 문화활동의 절차

으로 결정을 하기보다는 교육봉사를 실시하고 있는 청소년의 성향과 선호, 필요를 잘 생각해 보고 결정하는 것이 좋다. 예를 들어, 아직 봉사대상자들 간에 친밀감이 부족하여 문화활동을 통해 돈독함을 다지고 싶다면 스포츠 활동과 같이 서로 상호작용이 있는 활동이나 장소를 정하는 것이 좋고, 예술 분야에 관심이 있는 학생들이 있거나 관심사를 확대하고 싶다면, 미술전시 회나 음악회에 참여하는 것도 좋다. 혹은 교육봉사시간에 사회과목에 대해 공부했다면 박물관 등을 견학하여 관련 학습에 대한 체험을 하게 할 수도 있 다. 이처럼 목표를 정하고 활동에 참여해야 학생들에게도 이 활동의 의미를 알려 주고, 문화활동의 효과를 높일 수 있다.

(2) 프로그램 및 예산 계획

문화활동은 학생들과 함께 외부로 체험을 하러 가는 것 자체가 하나의 중 요한 학습과정이므로 그 과정을 꼼꼼하게 생각해 보는 것이 좋다. 예를 들어, 공연을 보기 전에 공연에 대한 간략한 설명을 해 주는 시간을 가진다든지, 공 연 예술을 관람하는 예절에 대해서 교육할 수도 있다. 방문지가 유적지나 문 화유산에 대한 곳이라면 사전에 더욱 준비가 필요하다. 방문지에 대한 정보 를 미리 얻어서 어떤 코스로 관람을 할 것인지 주어진 시간 동안 관람이 다 가능한 곳인지, 선별을 한다면 어떤 기준으로 선별하여 관람할 것인지, 방문 하기에 안전한 곳인지 등 사전에 미리 방문해 보고 준비하는 것이 좋다.

또한 예산이 적절한지, 예산 지원을 받을 수 있는지 등도 확인할 필요가 있 다. 교육봉사 활동에서 예산이 지원된다면 예산 내에서 계획을 세워, 학생들 의 간식이나 식사 등을 해결할 수 있지만 예산이 부족하거나 지원이 안 되는 경우에는 문화 바우처 사업에 지정된 프로그램을 관람하거나 봉사대상자가 문화 바우처 사업의 혜택을 받을 수 있는지 확인하여 도움을 받을 수도 있다.

(3) 학교 및 학부모의 동의

외부로 나가서 체험활동을 하는 일은 학생들에게 매우 유익하고 필요한 일이지만 때로는 위험한 일이 될 수도 있으므로 사전에 학교와 학부모의 동의를 받는 일이 중요하다. 동의 없이 문화활동을 실시하였다가 귀가 시간이 늦어지거나 안전사고가 생기는 경우에는 교육봉사자와 봉사대상자 및 가족들 모두가 어려움에 빠질 수 있다. 또한 사전 동의를 받고 예정된 귀가 시간까지 미리 고지를 해야 학생들이 체험활동 후 일탈행동을 하는 것을 예방할 수 있다. 이러한 사전 동의를 위해서도 문화활동의 프로그램을 사전에 꼼꼼히 계획하고 준비하는 것이 필요하다.

사전 동의의 형태는 보통 해당 학교에 지정된 양식이 있는 경우도 있고 없는 경우도 있다. 해당 양식이 있는 경우에는 양식대로 작성을 하고 없는 경우에는 〈표 13-2〉를 참고하여 만들어 제출한다.

〈표 13-2〉 문화활동 안내문

교육봉사 문화활동계획 안내문

학부모님께

안녕하십니까?

하늘이 청명한 가을입니다. 가을을 맞이하여 학생들과 교육봉사 수업의 연장으로 문화 활동에 참여하고자 인사드립니다. 문화활동은 학생들이 문화 경험을 확대하고 직접 체험하는 학습이 될 수 있도록 여러 가지 활동으로 구성되어 있습니다. 이번에 실시하는 문화활동은 아래와 같이 진행되오니 많은 협조 부탁드립니다. 읽어 보시고 참가를 희망할 시에는 동의서를 제출해 주시기 바랍니다.

- 교육봉사 문화활동 안내 -

♧ 시　　간: 2010. 11. 10(토) 10:00 ~ 15:00

♧ 장　　소: 신촌 대학로

♧ 활동내용: 대학로 문화체험 및 영화관람

♧ 담 당 자: 김○○(여) / 조○○ (남)

♧ 연 락 처: 김○○(011-9000-0000)

　　　　　　조○○(010-4000-0000)

♧ 준 비 물: 교통비

※ 당일 날 활동에 학생이 잘 참여할 수 있도록 학부모님의 많은 관심과 협조 부탁드립니다.

2010. 10. 20.

○○중학교 교육봉사 담당자 (김○○)

교육봉사 문화활동 참가 학부모 동의서

♧ 교 육 봉 사 자 :

♧ 실　시　일 : 2010. 11. 10(토)

♧ 학　　　생 :　　　학년　　반(　　　)

♧ 보　호　자 :　　　　　　　(서명)

♧ 보호자 연락처 :　　　-　　　-

2010.　10.　．

(4) 문화활동 실시

해당 목적지로 방문하여 문화활동을 실시한다. 활동 시에는 봉사대상자들이 편안하고 안전한 환경에서 문화활동에 참여할 수 있도록 주의 깊게 관찰하고, 소외되거나 남겨지는 학생이 없도록 배려한다. 평소 다른 봉사대상자들과 친하게 지내지 못하는 학생이 있다면 친목을 도모할 수 있는 좋은 기회이므로 자연스러운 분위기에서 서로 친해지고 상호작용을 할 수 있도록 한다.

(5) 소감 나누기 및 정리

문화체험이 끝나면 봉사대상자들이 안전하게 귀가할 수 있도록 한다. 초등학생의 경우에는 문화활동이 너무 늦게 끝나지 않도록 계획하고, 마지막으로 활동이 끝난 후 모여서 일탈행동을 하거나 다른 장소로 이동하지 않는지 주의를 기울인다. 봉사대상자들이 문화활동 이후 집으로 잘 귀가하는지 연락하여 확인한다.

문화체험 이후 중요한 과정이 소감을 나누는 과정이다. 감동이나 즐거움은 시간이 지나면 쉽게 잊혀지기 마련이다. 따라서 다음의 질문을 통해 문화활동 시간을 정리할 수 있도록 한다. 문화활동에 대한 정리는 문화활동 직후에 하거나 혹은 다음 시간에 활용할 수 있도록 과제의 형식으로 제시할 수 있다. 문화활동을 할 때마다 이런 정리의 과정이 반복적으로 이루어지면 학생들은 자신들이 경험하고 배운 것을 정리하고 생각해 보는 습관을 가질 수 있게 된다.

활동 13-1   문화활동 소감 나누기

활동 목표	문화활동에 대한 소감을 정리하여 문화활동 경험의 교육적 의미를 살린다.
활동 내용	① 문화활동을 경험하면서 느꼈던 소감을 각자 정리하고 나누는 시간을 갖도록 한다. ② 학생들의 이야기를 충분히 경청하면서 의미 있는 부분을 교육봉사자가 짚어 주고 한 사람 한 사람에게 피드백을 해 준다. • 문화활동을 하면서 어떤 느낌이 들었니? • 가장 기억에 남는 점은 어떤 거야? • 오늘 활동하면서 배운 점은 무엇이니? • 다음번에는 어떤 활동을 했으면 좋겠어? • 그동안 배웠던 내용들과 연결되는 것이 있었니? • 오늘 불편했던 점은 없었니? ③ 마지막으로 봉사자가 전체적으로 의미를 정리해 주고 활동을 마무리한다.
유의 사항	빠지거나 소외되는 학생 없이 골고루 자신의 이야기를 하도록 안내한다. 시간이 부족한 경우에는 간단한 소감문을 작성해 오도록 과제로 내줄 수도 있다.

2) 문화활동 시 유의점

문화활동은 학생들이 즐거워하고 좋아하는 활동이지만 외부 활동인 만큼 여러 가지로 주의를 기울이지 않으면 안전사고가 발생하거나 예상치 못한 문제가 생길 수 있으므로 교육봉사자는 이 점을 늘 기억해 둘 필요가 있다. 문화활동에서 특히 주의를 기울여야 하는 점은 다음과 같다.

• 사전 계획을 철저히 하여 동의서를 작성하고 학부모와 학교의 승인을 받는다.
• 학생들의 연락처를 미리 숙지하고, 학생들에게도 교육봉사자의 연락처를 확실히 전달하여 일행들과 흩어졌을 때를 대비한다.

- 두통약이나 소화제, 밴드 등과 같은 구급약을 준비하여 간단한 응급상황에 대처한다.
- 1～2시간 이내의 가까운 거리를 목적지로 선정한다.
- 귀가 시간을 미리 정하여 봉사대상자들과 학부모님께 전달한다.
- 문화활동 중에 수시로 봉사대상자들을 확인하여 놓치는 사람이 없도록 주의한다.
- 학생이 흩어지는 경우를 대비하여 일행과 헤어지게 되면 만날 장소를 사전에 숙지시킨다.
- 문화활동이 끝나면 목적지에서 헤어지지 말고 교육봉사를 실시하는 학교나 장소로 이동하여 헤어진다.
- 봉사대상자들이 이후 일탈행동을 하거나 유흥장소로 이동하지 않도록 관리한다.
- 봉사대상자들이 안전하게 귀가하였는지 헤어지고 난 후 전화로 확인한다.

유의점에서 볼 수 있듯이, 문화활동 사전, 문화활동 중, 문화활동 이후 점검해야 할 사항들이 있으니 이를 점검표로 만들었다가 확인하면 놓치는 부분이 없이 문화활동을 계획할 수 있다. 사전에 철저한 준비를 하면 유익하고 재미있는 문화활동 시간을 만들어 갈 수 있을 것이다.

부록

1. 자기소개서

이름: _____

생년월일: _____ 년 _____ 월 _____일(음력/양력)

주소: _____

전화번호: _____ ‐ _____

휴대폰: _____

_____학교 _____학년 _____반

E-mail: _____@_____

Homepage: http://_____

가족 소개

_____

_____

별명 _____

취미 _____

내 성격은?

_____

좋아하거나 존경하는 인물 _____

장래 희망 _____

기억에 남는 가장 기뻤던 일

_____

_____

2. 내 학교생활 이야기

제목:

개요(줄거리, 차례)

1. 친구관계:
   1) 친한 친구에 대한 이야기:
      ①
      ②
   2) 싫은 친구에 대한 이야기:
      ①
      ②

2. 선생님과의 관계:
   1) 선생님과 즐거웠던 일:
      ①
      ②
   2) 선생님과 있었던 좋지 않았던 일:
      ①
      ②

3. 나의 공부에 대한 이야기:
   1) 기뻤던 일:
      ①
      ②
   2) 기분 나빴던 일:
      ①
      ②

4. 기타 생각나는 일들:

3. 친구 지도

'나의 친구들은 누가 있을까?' '나는 누구와 제일 많은 시간을 보내고, 누구와 제일 이야기를 많이 나누는가?' 친구들 중에 나에게 가깝게 느껴지는 친구와 멀게 느껴지는 친구는 누구인지 떠올려 보고 가깝고 먼 정도를 표시해 봅시다.

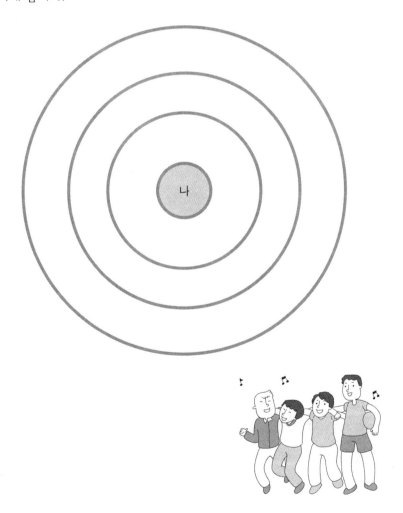

4. 목표 세우기

■ 이번 학기에 얻고 싶은 나만의 목표를 세워 봅시다.

이름: _____

날짜: 년   월   일

1. 학습부분에서의 나의 목표 1

    이 목표를 이루기 위한 전략은?
    1)
    2)
    3)

2. 학습부분에서의 나의 목표 2

    이 목표를 이루기 위한 전략은?
    1)
    2)
    3)

3. 그 밖에 얻고 싶은 목표

    이 목표를 이루기 위한 전략은?
    1)
    2)
    3)

5. 활동보고서

교육 봉사자	○○○		봉사 대상자	
활동목표	〈이달의 목표〉			
	〈회기별 목표〉 1회: 2회:			

활 동 사 항					
날짜	시간	참가자	장소	활동내용	
				학습내용	인성, 진로 및 기타 활동

향후 계획	
논의하고 싶은 문제	
소감 및 기타 사항	
평가	1) 학습지도: (매우 불만족) 1--2--3--4--5 (매우 만족)
	2) 봉사대상자와의 관계: (매우 불만족) 1--2--3--4--5 (매우 만족)
	3) 전반적인 회기 운영: (매우 불만족) 1--2--3--4--5 (매우 만족)

6. 중간평가 항목표

〈봉사대상자용〉

1. 활동내용은 따라가기에 어렵지 않았나요?
   1) 어렵다   2) 적절하다   3) 쉬웠다.

1-1) 어려웠다면 가장 어려웠던 내용은 무엇인가요?
1-2) 가장 재미있었던 활동은 무엇인가요?
1-3) 가장 기억에 남는 활동은 무엇인가요?
1-4) 가장 힘들거나 재미가 없었던 활동은 무엇인가요?

2. 활동시간에 하는 공부 분량이 적절했다고 생각하나요?
   1) 너무 많다   2) 적절하다   3) 너무 적다

3. 활동 시간은 적당했다고 생각하나요?
   1) 너무 길다   2) 적절하다   3) 너무 짧다

4. 활동시간에 다양한 내용을 골고루 진행했나요?
   1) 내용이 편중되었다   2) 보통이다   3) 골고루 활동하였다

5. 활동시간에 사용하는 교재의 난이도 수준은 어떤가요?
   1) 너무 어렵다   2) 적절하다   3) 너무 쉽다

6. 활동시간에 사용하는 교재는 재미있었나요?
   1) 재미있었다   2)보통이다   3) 지루했다

7. 교육봉사자 선생님과는 얼마나 친해졌나요?
   1) 많이 친해졌다   2)보통이다   3) 아직 어색하다

8. 고민이 생기면 교육봉사자 선생님에게 이야기할 수 있나요?
   1) 있다   2) 모르겠다   3) 없다

9. 교육봉사자 선생님은 활동준비를 열심히 해 왔다고 생각하나요?
   1) 그렇다   2) 보통이다   3) 아니다

10. 함께하는 친구들과는 친해졌나요?
 1) 많이 친해졌다　　　　　　2)보통이다　　　　　　　3) 아직 어색하다

11. 함께하는 친구 중에 나를 괴롭히는 친구가 있나요?
 1) 있다　　　　　　　　2) 없다

12. 활동장소에 불편함은 없나요?
 1) 있다 (이유:　　　　)　　　　　　2) 없다

7. 학습동기 확인[1]

공부는 왜 할까요?

나는 공부에 대해서 _____고 생각해요.

또, 나는 공부에 대해서 _____고도 생각해요.

이렇게 생각하는 이유는 _____

_____

_____때문이에요.

기쁘다   행복하다   부럽다   황홀하다   짜릿하다   끝내 준다   귀찮다   미치겠다
열받는다   자신 있다   즐겁다   좋다   뿌듯하다   평안하다   사랑스럽다   날아갈
듯하다   욕심이 생긴다   자유스럽다   창피하다   마음이 든든하다   골치가 아프다
마음이 이상하다   어지럽다   답답하다   고맙다   우습다   쉬고 싶다   이상하다
신경질 난다   울트라캡숑나이스짱   따뜻하다   억울하다   밥맛 떨어진다   마음이
아프다   희망이 없다   뭐가 뭔지 모르겠다   우울하다   아프다   불행하다   모르
겠다   한심하다   숨막힌다   안 좋다   짜증난다   맘에 안 든다   자랑스럽다
만족하다   신난다   편안하다   힘이 난다   창피하다   시원하다   마음이 가볍다
희망이 생긴다   괜찮다   약 오른다   귀찮다   머리가 아프다   아무 생각 안 난다
못 하겠다   어떻게 해야 할지 겁난다   놀랍다   걱정된다   화난다   자신이 없다
앞이 안 보인다   슬프다   후회스럽다   불안하다   나쁘다

---

1) 출처: 서울대학교 사범대학(2008). SNU Active Mentoring Program 슈퍼비전 매뉴얼.

8. 학습 방해요소 점검[2]

나의 문제	언제	어디서	어떠할 때	대책
처음에 공부를 빨리 시작하지 못하고 헛되이 시간을 흘려보내는 경우가 많다.	저녁식사 후 공부를 시작하기까지	집	TV 프로가 너무 재미있거나, 가족들과 같이 이야기를 나누다 보면 시간이 빨리 간다.	꼭 해야 할 공부가 있을 때는 독서실에서 공부를 한 후 집으로 간다.

1) 출처: 서울대학교 사범대학(2008). SNU Active Mentoring Program 슈퍼비전 매뉴얼.

9. 논술 활동자료 1[3]

개성이냐 규칙이냐?

드르륵 교실 문이 열리고, 1교시 수업이 시작된 교실로 아람이가 들어섰습니다. 선생님과 아이들의 눈이 모두 아람이에게 쏠렸습니다. 아람이의 머리를 본 선생님과 친구들은 모두 깜짝 놀랐습니다. 아람이의 머리가 온통 개나리처럼 노란색이었기 때문입니다. 그러나 아람이는 아무렇지도 않은 듯 자기 자리에 가서 조용히 앉았습니다. 선생님께서 말씀하셨습니다.

"아람아, 네 머리 색깔이 왜 그러니?"

"네? 제 머리 색깔이 어때서요?"

"우리 학교는 어린이들이 머리 염색하는 것을 규칙으로 금지하고 있다는 사실을 모르니?"

"글쎄요, 제 머리를 염색했다고 해서 제가 다른 사람에게 피해를 주는 것도 아니고 공부에 방해를 주는 것도 아닌데 왜 안 된다는 거죠?"

"아람이 너는 아직 초등학교 학생이고 어린이란다. 어린 학생은 그 나이에 맞는 모습을 갖추고 다녀야 하지 않을까?"

"선생님, 저는 조금 생각이 달라요. 어린이에게도 자기만의 개성을 나타낼 권리가 있다고 생각해요. 제가 저의 개성을 살리기 위해 머리 색깔을 조금 바꾼 것이 왜 어린이답지 못하다는 것인지 모르겠어요."

아침부터 교실 안이 선생님과 아람이의 머리 염색 이야기로 술렁이고 있었습니다.

토론 또는 글쓰기 주제

1. 아람이와 선생님은 어떤 문제에 대하여 생각이 다릅니까?

2. 학교 규정에 어긋나게 학생이 머리 염색하는 것에 대하여 어떻게 생각하는지 쓰시오.

3. 위에 쓴 내용을 바탕으로 이유를 들어가며 학생의 머리 염색에 대한 내 생각을 정리해 봅시다.

---

3) 출처: 서울대학교 사범대학(2008). SNU Active Mentoring Program 슈퍼비전 매뉴얼.

10. 논술 활동자료 2[4]

지구온난화와 환경

(가)

환경운동가들이 지구온난화의 주범으로 항공기가 내뿜는 온실가스를 지목하며 세계에서 가장 바쁜 공항인 영국 히드로 국제공항에서 일주일째 시위를 벌이고 있다.

영국과 유럽에서 모여든 환경운동가들은 "전 세계 온실가스 배출량의 3%가 항공기 운항 때문"이라며 "항공 운항량을 줄이기 위해 기술 개발과 세금, 배출권 규제 등의 정책이 필요한 시점"이라고 주장하고 있다. 항공 운항의 이용객이 해마다 5%씩 늘어나는 현재 추세대로라면 2030년에는 항공업계 전체 운항 거리가 현재의 3배로 늘어날 것이라는 분석이다. 히드로 공항에 모인 환경운동가들은 19일을 '행동의 날'로 정하고 공항의 새로운 활주로 건설 계획을 규탄하며 항공여행 자제를 호소하는 캠페인을 벌일 계획이다(경향신문 2007. 8. 17.).

(나)

지구온난화의 심각성을 알리기 위해 앨 고어 전 미국 부통령이 기획한 세계 최대 규모의 환경 콘서트 '라이브 어스(Live Earth)'가 5개 대륙 9개국에서 7일 열렸다. 호주 시드니, 일본 도쿄를 시작으로 미국 뉴욕, 중국 상하이, 영국 런던, 독일 함부르크, 남아프리카공화국 요하네스버그 등에서 릴레이 방식으로 24시간 이어졌다. 콘서트에는 본 조비를 비롯해 마돈나, 메탈리카, 레드 핫 칠리 페퍼스, 보노 등 세계 유명 연예인이 총 출동했다.

주최측은 수십만 명의 관객들이 콘서트장에 참석했으며 약 20억 명이 텔레비전과 라디오, 인터넷 등을 통해 콘서트를 지켜봤을 것으로 추정했다. 주최측은 지구온난화에 대한 여론 확산이 온실가스 배출 감축 국제 협약 체결에 도움이 될 것으로 기대하고 있다.

그러나 제트기를 타고 다니며 온실가스를 배출하는 장본인인 유명 연예인들이 환경 메시지를 전달할 자격이 없다는 비판도 제기됐다(경향신문 2007. 7. 8.).

토론 또는 글쓰기 주제

1. (가)에서 환경운동가들이 항공기의 운항을 줄여야 하는 근거로 내세운 것은 무엇인가요?

2. (나)의 콘서트를 연 주최측이 '라이브 어스'가 지구온난화를 줄이는 데 도움을 줄 것이라고 생각한 근거는 무엇인가요?

3. (나)의 콘서트 '라이브 어스'는 환경 콘서트로서의 자격이 없다며 비판을 받기도 합니다. 만약 여러분이 이 콘서트를 기획하는 기획자라면 더 좋은 환경 콘서트를 만들기 위해 어떻게 할 수 있을까요? 여러분의 생각을 이유를 들어 말해 보세요.

4) 출처: 서울대학교 사범대학(2008). SNU Active Mentoring Program 슈퍼비전 매뉴얼.

11. 논술 활동자료 3[5)]

만약 ~ 라면?

이 글쓰기의 목적은 멘티 여러분의 사고력과 상상력을 증진시키는 연습을 하는 것입니다. 우리는 세상을 살아가면서 때로는 예상하지 못한 일들을 맞닥뜨리게 됩니다. 그 일은 여러분에게 좋은 것일 수도 있고, 나쁜 것일 수도 있습니다. 그런데 어떠한 일이든지 간에, 우리가 그것을 받아들일 준비가 되어 있지 않다면 어떨까요? 기쁜 일임에도 우리는 너무 놀라서 그 일에 기뻐하지 못할 수도 있고, 불행한 일인데 너무 갑작스럽게 일어난 일이라 적절히 대처하지 못할 수도 있겠지요.

우리는 세상을 살아가면서 신체적으로는 알게 모르게 많은 훈련을 합니다. 학교에서 하는 체육 수업이나, 친구들과 하는 운동 등은 여러분이 예기치 못한 일들에 잘 대처할 수 있도록 힘과 지구력, 스피드와 같은 능력들을 길러 줄 것입니다. 마찬가지로, 우리의 머리 역시 어느 정도의 훈련이 필요합니다. 신체 능력이 매우 뛰어나다 하더라도, 그것을 적절하게 사용해 줄 지혜가 뒷받침되지 않는다면 쓸모없는 것이 될 수 있기 때문입니다. 예를 들어, 키도 크고 달리기도 잘하고 힘도 세지만, 농구 규칙을 하나도 모른다면 그 친구는 농구를 잘 못할 것입니다. 지금 이 시간에 하는 글쓰기는 이와 같은 일이 발생하지 않도록 우리의 머리를 열심히 훈련시키기 위한 것입니다.

여러분은 아래에서 아직은 여러분에게 일어나지 않은, 하지만 혹시 일어날지도 모를 여러 가지 상황을 접하게 될 것입니다. 상황 중에는 좋은 것도, 나쁜 것도 있습니다. 각각의 상황에 따라 몇 가지 질문이 주어질 것입니다. 여러분은 그것이 자신의 입장이라 생각하고, 어떻게 하면 잘 대처할 수 있을지 성실하게 답변하시면 됩니다. 혹시 '이런 건 생각해 본 적도 없는데'라는 생각이 든다면 너무 걱정하지 않아도 됩니다. 이 수업의 목적은 바로 그렇게 '생각해 본 적 없는' 일들을 한 번쯤 생각해 보는 것에 있으니까요. 자, 그럼 시작해 봅시다.

토론 또는 글쓰기 주제

1. 만약 당신에게 10억이 생겼다면? 이 많은 돈을 어떻게 사용할 것입니까? 계획적으로 작성해 보세요. (Key word: 친구, 가족, 가난한 사람들, 여가생활, 재테크, 장래희망)

2. 만약 오랜 기간 동안 우정을 나눴던 Best Friend와의 우정에 금이 갔다면? 이 친구와 어떤 대화를 나눌 것입니까? 대화체로 작성해 보세요. 특별한 사과방법이나, 쉽게 친해지는 비결이 있다면 그것을 써도 좋습니다. (Key word: 사과, 같이 활동하기, 식사, 대화, 편지)

3. 만약 우리 집이 부도가 났다면? 가족이 경제적 어려움에 처했을 때, 당신은 어떤 일들을 할 수 있을까요? 또는 어떤 마음가짐을 갖고 이 위기를 극복해 나가야 할까요? (Key word: 유대감, 아르바이트, 절약, 친구, 학교)

---

5) 출처: 서울대학교 사범대학(2008), SNU Active Mentoring Program 슈퍼비전 매뉴얼.

12. 오답노트

☆ 이 주의 영어 문장 ☆		
★ 이 주의 수학 공식 ★		

〈영어〉 ■ 내가 틀린 문제는?

☞ 왜 틀렸을까?	※ 이것만은 꼬옥 기억하자!

⇒ 다시 풀어 보자!

〈수학〉 ■ 내가 틀린 문제는?

☞ 왜 틀렸을까?	※ 이것만은 꼭꼭 기억하자!

⇒ 다시 풀어 보자!

13. 진로계획을 위한 학업점검

나는 반드시 해낸다!!

장래희망 직업	
직업을 위해 가야 할 고등학교나 대학교	
직업을 위해 내가 배워야 할 기술	
현재의 시험점수 및 평균점수	국어 : ( ) : 영어 : ( ) : 수학 : ( ) : 전과목 평균점수 :
다음 시험에서 받고 싶은 시험점수 및 평균점수	국어 : ( ) : 영어 : ( ) : 수학 : ( ) : 전과목 평균점수 :
도움을 줄 사람	
도움 요청 방법	
나의 각오 한마디!	

14. 진로계획 세우기

1. 희망직업 대차대조표 작성하기

항목 \ 희망직업			
나의 성격 (그 일과 성향이 맞는가)			
나의 능력 (그 일을 잘할 수 있는지)			
나의 흥미 (얼마나 그 일을 좋아하는지)			
현실적 가능성 (실제 그 직업을 가질 수 있는지)			
합 계			

2. 희망직업/학과/대학 순위

	1순위	2순위	3순위
희망직업			
희망학과			
희망대학			

3. 예상되는 진로장애물

	진로장애물 1	진로장애물 2	진로장애물 3
희망직업 1			
희망직업 2			
희망직업 3			

15. 나의 시간 사용 점검표

지난 일주일 동안 실제 생활했던 시간표를 작성해 봅시다.

요일 시간						
7시						
8시						
9시						
10시						
11시						
12시						
13시						
14시						
15시						
16시						
17시						
18시						
19시						
20시						
21시						
22시						
23시						
24시						

16. 나의 하루 일과 탐색하기

친구들의 시간 사용과 나의 시간 사용을 비교해 보고, 서로의 장단점을 살펴봅시다.

1. 내 친구들과 비교할 때 나만의 시간관리 장점은?

2. 내 친구들과 비교할 때 나의 시간관리 단점은?

3. 나는 이렇게 바뀌고 싶어요.

17. 나에게 여유시간이 있다면?

5분, 15분, 30분의 여유시간이 있을 때 할 수 있는 활동을 생각해 봅시다.

1. 여러분에게 5분이라는 여유가 있다면 무엇을 할 수 있나요?
   (ex. 전화하기, 윗몸 일으키기나 다른 가벼운 운동 해 보기 등)

   -
   -
   -
   -
   -

2. 여러분에게 15분이라는 여유가 있다면 무엇을 할 수 있나요?
   (ex. 방 정리하기, 예습하기 등)

   -
   -
   -
   -
   -

3. 여러분에게 30분이라는 여유가 있다면 무엇을 할 수 있나요?
   (ex. 심부름하기, 도서관에서 검색하기 등)

   -
   -
   -
   -
   -

18. 우선순위 영역별 주요 특징, 수행결과, 주요 대안[6]

미국 아이젠하워 대통령은 우선순위를 정하는데 있어서 '긴급도'와 '중요도'라는 두 가지 척도를 사용하였다. 시간관리에서 중요한 것은 한정되어 있는 시간에 중요하지만 긴급하지 않은 일을 미리미리 관리함으로써 우선순위 영역에서 '중요하지만 긴급하지 않은 영역'을 확대하는 것이라고 할 수 있다.

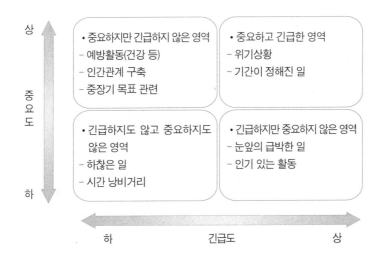

6) 출처: 김동일(2010). 주의집중을 위한 학습전략 프로그램.

구분	특징	본 영역 수행 결과	주요 대안
중요하고 긴급한 영역	급하고 중요한 사항들로서 즉각적인 처리가 요구되며 결과도 중대하다. 이러한 사항들은 흔히 '위기' 혹은 '문제'라고 불리워지는 활동들이다.	• 스트레스 증가 • 신체적, 정신적 피로감 누적 • 위기관리 • 문제 수습에만 매달림	• 중요한 일이 급해지지 않도록 사전 조치 • C영역과 구분: 급하고 중요하다고 생각되는 일이 실제로 급하긴 하지만 중요하지 않은 일일 수도 있다.
중요하지만 긴급하지 않은 영역	중요하지만 급하지 않은 사항들로서 장기적인 계획과 지속적인 노력이 필요하다. 급하지 않기 때문에 일의 중요성을 간과하기 쉬우며 이러한 일이 미루어졌을 때 나중에는 '위기' 혹은 '문제' 활동으로 변한다.	• 스트레스 감소 • 비전, 멀리 내다봄 • 장기적, 지속적 활동능력 증가 • 극소수의 위기 • 여유 있고 균형 있는 삶 유지	• 이러한 활동의 중요성을 절감하고 잊지 않도록 주의 • 중장기계획 수립과 실행 • 긴급하지만 중요하지 않은 일을 적게 함
긴급하지만 중요하지 않은 영역	긴급하지만 중요하지 않은 사항들로서 즉각적인 행동을 요구하지만 결과의 중요성은 크지 않다. 대부분 바쁘게 움직이지만 소득은 크지 않다.	• 스트레스 증가 • 단기성과 위주 • 목표와 계획에 차질 • 바쁘지만 결실이 적음	• 중요도 평가: 지금 하고 있는 일이 나에게 얼마나 중요한지를 생각해 본다. • 일의 위임: 다른 사람이 해도 될 일이면 그 사람에게 맡김 • 일의 거절: 다른 사람의 부탁이 나의 계획에 차질을 주는 것이면 거절한다.
긴급하지도 중요하지도 않은 영역	중요하지도 급하지도 않은 사항들로서 즉각적인 행동이 요구되지도 않으며 결과가 중요성을 지니지도 않는다.	• 목적 없는 삶 • 계획 없는 삶 • 의미 없이 시간을 보냄 • 무책임함 • 나태함	• 삶의 목표를 생각해 본다. • 나에게 중요한 일이 무엇인지 생각해 본다. • 중장기계획을 세워 본다. • 단기목표를 세워 보고 실천해 본다.

19. 나의 우선순위 정하기

일상생활에서 해야 할 일을 다음의 기준으로 나누어 기록해 보세요.

구분	현재 행동
중요하고 긴급한 영역	
중요하지만 긴급하지 않은 영역	
긴급하지만 중요하지 않은 영역	
긴급하지도 중요하지도 않은 영역	

1. 중요하다고 생각한 일의 기준은 무엇인가요?

2. 빨리 해야 한다고 생각한 일의 기준은 무엇인가요?

3. '중요하지만 긴급하지 않은 영역'에 포함될 수 있는 것들이 더 없는지 살펴본 후, 다른 영역에 있는 항목을 이 영역에 넣어 봅시다.

20. 용돈 기입장

지난 일주일 동안 사용한 용돈 내용을 기록해 봅시다.

날짜	소득		지출		합계
	내용	금액	내용	금액	
합 계					

21. 인터넷 사용 시간표

나의 인터넷 사용량은 얼마나 될까? 하루하루 막대로 표시해 봅시다.

24시간											
23시간											
22시간											
21시간											
20시간											
19시간											
18시간											
17시간											
16시간											
15시간											
14시간											
13시간											
12시간											
11시간											
10시간											
9시간											
8시간											
7시간											
6시간											
5시간											
4시간											
3시간											
2시간											
1시간											
날짜	/	/	/	/	/	/	/	/	/	/	/

22. 한국형 인터넷 중독 자가진단 검사(K-척도)

번호		항목	전혀 그렇지않다	때때로 그렇다	자주 그렇다	항상 그렇다
1	1	인터넷 사용으로 인해서 생활이 불규칙해졌다.	①	②	③	④
	2	인터넷 사용으로 건강이 이전보다 나빠진 것 같다.	①	②	③	④
	3	인터넷 사용으로 학교 성적이 떨어졌다.	①	②	③	④
	4	인터넷을 너무 사용해서 머리가 아프다.	①	②	③	④
	5	인터넷을 하다가 계획한 일들을 제대로 못한 적이 있다.	①	②	③	④
	6	인터넷을 하느라고 피곤해서 수업시간에 잠을 자기도 한다.	①	②	③	④
	7	인터넷을 너무 사용해서 시력 등에 문제가 생겼다.	①	②	③	④
	8	다른 할 일이 많을 때에도 인터넷을 사용하게 된다.	①	②	③	④
	9	인터넷 사용으로 인해 가족들과 마찰이 있다.	①	②	③	④
2	10	인터넷을 하지 않을 때에도 하고 있는 듯한 환상을 느낀 적이 있다.	①	②	③	④
	11	인터넷을 하고 있지 않을 때에도, 인터넷에서 나오는 소리가 들리고 인터넷을 하는 꿈을 꾼다.	①	②	③	④
	12	인터넷 사용 때문에 비도덕적인 행위를 저지르게 된다.	①	②	③	④
3	13	인터넷을 하는 동안 나는 가장 자유롭다.	①	②	③	④
	14	인터넷을 하고 있으면, 기분이 좋아지고 흥미진진해진다.	①	②	③	④
	15	인터넷을 하는 동안 나는 더욱 자신감이 생긴다.	①	②	③	④
	16	인터넷을 하고 있을 때 마음이 제일 편하다.	①	②	③	④
	17	인터넷을 하면 스트레스가 모두 해소되는 것 같다.	①	②	③	④
	18	인터넷이 없다면 내 인생에 재미있는 일이란 없다.	①	②	③	④
4	19	인터넷을 하지 못하면 생활이 지루하고 재미가 없다.	①	②	③	④
	20	만약 인터넷을 다시 할 수 없게 된다면 견디기 힘들 것이다.	①	②	③	④
	21	인터넷을 하지 못하면 안절부절못하고 초조해진다.	①	②	③	④
	22	인터넷을 하고 있지 않을 때에도 인터넷에 대한 생각이 자꾸 떠오른다.	①	②	③	④
	23	인터넷 사용 때문에 실생활에서 문제가 생기더라도 인터넷 사용을 그만두지 못한다.	①	②	③	④
	24	인터넷을 할 때 누군가 방해를 하면 짜증스럽고 화가 난다.	①	②	③	④
5	25	인터넷에서 알게 된 사람들이 현실에서 아는 사람들보다 나에게 더 잘해 준다.	①	②	③	④
	26	온라인에서 친구를 만들어 본 적이 있다.	①	②	③	④
	27	오프라인에서보다 온라인에서 나를 인정해 주는 사람이 더 많다.	①	②	③	④
	28	실제에서보다 인터넷에서 만난 사람들을 더 잘 이해하게 된다.	①	②	③	④
	29	실제 생활에서도 인터넷에서 하는 것처럼 해 보고 싶다.	①	②	③	④
6	30	인터넷 사용시간을 속이려고 한 적이 있다.	①	②	③	④
	31	인터넷을 하느라고 수업에 빠진 적이 있다.	①	②	③	④
	32	부모님 몰래 인터넷을 한다.	①	②	③	④
	33	인터넷 때문에 돈을 더 많이 쓰게 된다.	①	②	③	④
	34	인터넷에서 무엇을 했는지 숨기려고 한 적이 있다.	①	②	③	④
	35	인터넷에 빠져 있다가 다른 사람과의 약속을 어긴 적이 있다.	①	②	③	④
7	36	인터넷을 한번 시작하면 생각했던 것보다 오랜 시간 인터넷에서 보내게 된다.	①	②	③	④
	37	인터넷을 하다가 그만두면 또 하고 싶다.	①	②	③	④
	38	인터넷 사용시간을 줄이려고 해 보았지만 실패한다.	①	②	③	④
	39	인터넷 사용을 줄여야 한다는 생각이 끊임없이 들곤 한다.	①	②	③	④
	40	주위 사람들이 내가 인터넷을 너무 많이 한다고 지적한다.	①	②	③	④

23. 인터넷은 나에게 어떤 의미?

그동안 인터넷을 사용하면서 여러 가지 활동을 했는데요, 인터넷은 지금까지 나에게 어떤 존재이고 어떤 의미였을까요? 한번 그 의미를 생각해 봅시다.

예) 나에게 인터넷이란 평생 친구다. 외로울 때마다 함께 하니까……

나에게 인터넷이란

□ □ 이다.

* 위와 같이 생각한 이유는 무엇일까요?

* 그렇게 생각한 특별한 계기가 있었나요?

24, 열매 맺는 인터넷

인터넷으로 얻은 점은 나무의 열매로, 잃은 점은 휴지통에 들어갈 휴지로 표현해 봅시다.

25. 대안 찾기 배틀

인터넷을 하지 않는다면 무엇을 하면서 시간을 보낼까요?

인터넷이 없이도 즐거운 생활을 만들어 봅시다.

누구의 아이디어가 더 재미있을지 지금부터 시작해 볼까요?

✿ 참고문헌 ✿

강선보, 권대봉, 오영재, 한용진, 홍기춘(2006). 최신 교육실습론. 서울: 학지사.

김경배, 김재건, 이홍숙(2008). 교육과정과 교육평가. 서울: 학지사.

김계현(1997). 상담심리학: 적용영역별 접근(2판). 서울: 학지사.

김계현, 김동일, 김봉환, 김창대, 김혜숙, 남상인, 조한익(2000). 학교상담과 생활지도. 서울: 학지사.

김계현, 김동일, 김봉환, 김창대, 김혜숙, 남상인, 천성문(2009). 학교상담과 생활지도(2판). 서울: 학지사.

김규수, 김관현, 김태훈(2002). 청소년 생활지도의 발전적 과제. 학생생활연구, 10. 용인대학교 학생생활연구소.

김동일(1998). 교육과정중심평가의 이론과 실제: CBM을 중심으로. 현장특수교육, 5(3), 8-17.

김동일(2010). 주의집중을 위한 학습전략 프로그램. 서울: 학지사.

김민정(2000). 한국청소년 문화복지지표체계 개발과 타당화 연구. 숙명여자대학교 대학원 박사학위논문.

김봉환 역(2003). 진로상담의 실제. (N. C. Gysbers, M. J. Heppner, & J. A. Johnston 저). 서울: 학지사.

김봉환, 정철영, 김병석(2006). 학교진로상담(2판). 서울: 학지사.

김성이, 오익수, 구본용, 황순길, 지승희(2002). 청소년비행상담. 서울: 한국청소년상담원.

김원, 주용환, 나은아, 김미향, 황혜선(2009). 2009 인터넷이용실태조사. 서울: 한국인터넷진흥원.

김종범(2000). 인터넷 중독 하위 집단의 특성 연구—자존감, 우울. 외로움, 공격성을 중심으로. 연세대학교 대학원 석사학위논문.

김창대, 이명우(1995). 청소년문제 유형분류체계 II. 서울: 청소년대화의 광장.

김청택, 김동일, 박중규, 이수진(2002). 인터넷 중독 예방상담 및 예방 프로그램 개발연구. 서울: 한국정보문화진흥원.

김충기(1997). 생활지도와 상담. 서울:교육과학사.

김충기(2004). 진로교육과 진로교육. 파주: 한국학술정보.

김혜수, 김미화, 이은아, 이은실, 장우민(2007). 중등용 인터넷 사용조절 집단상담 프로그램 (2006)-지도자용. 서울: 한국정보문화진흥원.

김혜숙, 황매향(2008). 초등교사를 위한 문제행동 상담 길잡이. 서울: 교육과학사.

김화자(2008). 저소득층의 문화복지 서비스 증진 방안 연구. 단국대학교 대학원 석사학위논문.

노정호(2007). 소외계층 문화예술교육 프로그램에 대한 연구. 경희대학교 대학원 석사학위논문.

문화관광부, 한국문화관광정책연구원(2006). 2006 문화향수 실태조사.

박경호, 강만철, 오익수, 김형근, 김건웅(2001). 국내 인터넷 컴퓨터 등의 사이버 중독 실태조사. 정보통신학술연구과제 지정조사 00-05. 정보통신부.

박도순(2007). 교육평가: 이해와 적용. 서울: 교육과학사.

박승민(2005). 온라인게임 과다사용 청소년의 게임행동 조절과정 분석. 서울대학교 대학원 박사학위논문.

박지영(2006). 유쾌한 심리학. 서울: 파피에.

박효수, 고영삼, 김정미(2008). 인터넷중독실태조사. 조사보고 08-03. 서울: 한국정보문화진흥원.

백옥희(1996). 금전관리 및 여가선용 지도 프로그램. 현장특수교육 봄호, 82-95.

변영계, 박한숙(2004). 초등학생용 학습기술 훈련프로그램. 서울: 학지사.

서관석(1998). 바람직한 교원양석을 위한 사회봉사활동 교육과정 운영방안. 전주교육대학교 초등교육연구, 9, 437-462.

서울대학교 사범대학(2008). SNU Active Mentoring Program 슈퍼비전 매뉴얼.

서울대학교 사범대학(2009). 교육봉사 교과목 개발 연구보고서.

서울대학교 사범대학(2010). 교육봉사 교과목 운영 및 평가 보고서.

서울대학교 사범대학, 서울특별시 동작교육청, 서울특별시 관악구청(2008). 2008 교육격차해소를 위한 대학생 멘토링 사업 운영 보고서. 서울대학교 사범대학.

서울대학교 사범대학, 서울대학교학생처(2008). SNU Active Mentoring Program 멘토링 지침서.

성태재(2002). 현대교육평가. 서울: 학지사.

신미라(2005). 집단상담에서 목표설정 훈련이 내담자의 동기, 상담자 평가, 획평가에 미치는 효과. 서울대학교 대학원 석사학위논문.

송길연, 장유정, 이지연, 정윤경 역(2008). 발달심리학. (D. R. Shaffer 저). 서울: 시그마프레스

신종호, 김동민, 김정섭, 김종백, 도승이, 김지현, 서영석 역(2006). **교육심리학**. (P. Eggen, & D. Kauchak 저). 서울: 학지사.

오혜영, 유외숙, 장재홍, 주영아(2005). 2급 청소년상담사 국가자격연수 청소년비행상담 워크북. 서울: 한국청소년상담원.

유영주(2007). 청소년의 문화활동이 주관적 안녕감과 사회성이 미치는 영향에 관한 연구. 강남대학교 대학원 석사학위논문.

윤재희(1998). 인터넷 중독과 우울, 충동성, 감각추구성향 및 대인관계의 연관성. 고려대학교 대학원 석사학위논문.

이상희, 노성덕, 이지은(2006). 청소년 상담연구 〈중학교용 또래상담 프로그램〉. 서울: 한국청소년상담원.

이소희(2000). 한국청소년 문화복지 지표체계 개발과 타당화 연구. 숙명여자대학교 대학원 박사학위논문.

이수미(2009). 생활권청소년수련시설 이용 청소년의 문화복지 실태에 관한 연구. 경희대학교 대학원 석사학위논문.

이승신, 유재경(2000). 청소년소비자의 용돈관리행동에 관한 연구. **생활문화, 예술논집**, 23, 83-101.

이재창(1997). 미래사회를 대비한 청소년 진로지도 방안에 관한 연구. 교육연구논총, 제14집, 117-155.

이희영(2003). 진로성숙과 상담. 서울: 학지사.

임규혁, 임웅(2007). **교육심리학**. 서울: 학지사.

장맹배(2001). 청소년 자아존중감 증진을 위한 문화활동의 활용연구. 가톨릭대학교 사회복지대학원 석사학외논문.

전귀연, 이성기(2006). 부산지역 국민기초생활보장 수급가정 청소년의 빈곤문화에 관한 연구. 사회복지 정책, 25, 27-51.

정범진 역(2003). 목표 그 성취의 기술. (B. Tracy 저). 서울: 김영사.

정여주(2005). 청소년 인터넷 중독 모형 분석. 서울대학교 대학원 석사학위논문.

조용하 역(2008). 대학교육과 봉사학습: 이론적 관점과 실제. (B. Jacoby 저). 서울: 학지사.

주은선 역(2001). 상담의 기술. (C. E. Hill, & K. M. O' Brien 저). 서울: 학지사

진영은, 조인진(2008). 예비교사 워크북. 서울: 학지사.

최영은, 양종국(2005). 청소년 비행 및 약물중독상담. 서울: 학지사.

학교교육과정평가원(2002). 한국교육 내실화 방안연구(II).

한광희(1987). 청소년이 지각한 가정의 심리적 환경과 대인관계성향에 관한 연구. 숙명
    여자대학교 석사학위논문.

한상철(1998). 청소년학개론. 서울: 중앙적성출판사.

허승연(2009). 청소년이 행복에 영향을 미치는 생태체계 변인. 숙명여자대학교 대학원
    박사학위논문.

홍경자, 김창대, 박경애, 장미경(2002). 청소년집단상담의 운영. 서울: 한국청소년상담원.

황경열(1992). 집단상담의 초기단계에서 활용될 수 있는 기법과 활동. 사회문화연구, 11,
    83-103.

황매향(2005). 진로탐색과 생애설계. 서울: 학지사.

황매향(2008). 학업상담. 서울: 학지사.

황매향(2009). 학업문제 유형분류의 탐색. 상담학연구, 10(1). 561-581.

황매향, 유정이(2008). 경인지역 구직자를 위한 대인관계능력증진프로그램지침서. 인천: 경인
    지방노동청.

Bailey, L. J., & Stadt, R. W. (1973). *Career education: new approaches to human
    development*. Bloomington, III., McKnight Pub. Co.

Berry, H. (1988). Service-Learning in International/Intercultural Settings. *Experiential
    Education, 13*.

Brenner, V. (1997). Psychology of computer use: XLVII. Parameters of internet use,
    abuse and addiction: The first 90 days of the internet usage survey.
    Psychological Reports, 80, 879-882.

Doran, G. T. (1981). There's a S.M.A.R.T. ways to write management's goals and
    objectives. *Management Review, 70*(11), 35-37.

Eyler, J. & Giles, D. (1997). The importance of program quality in service learning. In
    A. Waterman (Ed.), *Service Learning: Application from the Research*. Ohio
    State University Press.

Goldberg, I. (1996). *Internet addiction.* Electronic message posted to research discussion list.

Greenfield, D. N. (1999). *Virtual addiction: Help for nethead, cyberfreaks, and those who love them.* Oakland: New Harbinger Publications.

Hahn K. 역(2004). 비폭력대화. (M. B. Rosenberg 저). 서울: 바오출판사.

Kolb, D. A. (1984). *Experiential learning: Experience as the source of learning and development.* Englewood Cliffs, N.J.: Prentice Hall.

Scherer, K., & Bost, J. (1997). Internet use patterns: Is there internet dependency on campus? Paper presented at the 105th Annual Convention of the American Psychological Association, Chicago, Illinois.

Sharf, R, S. (2006). *Applying career development theory to counseling* (4th ed.). Thomson Wadsworth, CA: Brooks/Cole.

Shertzer, B., & Stone, S. C. (1981). *Fundamentals of guidance* (4th ed). Boston Houghton Mifflin.

Young, K. S. (1996). Internet addiction: Evaluation and treatment. *Student BMJ, 99,* 351-353.

Young, K. S. (1999). Net compulsion: The latest treads in the area of Internet addiction. http://netaddiction.com.

✿ 찾아보기 ✿

◀ 저자 소개 ▶

고홍월
서울대학교 대학원 교육학과에서 교육상담 전공으로 박사학위를 받았으며, 현재는 충남대학교 자유전공학부 교수로 재직 중이다. 서울대학교 교육종합연구원 선임연구원, 중앙대학교 학생생활상담센터 선임연구원, 서울대학교 SAM 멘토링 프로그램 운영팀장을 역임했다. 주요 관심 영역은 대학생의 정신건강, 진로문제, 다문화상담, 교사교육 등이며, 주요 저서 및 논문으로 『초등교사를 위한 다문화상담 길잡이』(공저, 학지사, 2009), 「대학생의 진로의사결정 성숙수준에 따른 진로결정 문제 분석」(2008), 「초등교사의 다문화가정 아동 지도 경험」(2010) 외 다수가 있다.

김은하
서울대학교 대학원 교육학과에서 교육상담 전공으로 박사과정을 수료했으며, 현재는 이음세움심리상담센터 상담원으로 재직 중이다. 미국 미시간 주립대학교 상담센터 방문연구원, 서울대학교 SAM 멘토링 프로그램 슈퍼비전 팀장을 역임했다. 주요 관심 영역은 대인관계 및 인성교육, 집단상담 등이며, 주요 역서 및 논문으로 『시네마테라피』(공역, 을유문화사, 2006), 「The importance and the developability of interpersonal competency at work: Implications for higher education」(2007) 외 다수가 있다.

두경희
서울대학교 대학원 교육학과에서 교육상담 전공으로 박사과정을 수료했으며, 현재는 서울대학교 대학생활문화원의 전임상담원으로 재직 중이다. 인천시청소년상담지원센터 전임상담원, 서울대학교 SAM 멘토링 프로그램 연구팀장을 역임했다. 주요 관심 영역은 대인관계, 연애코칭, 청소년 적응 등이며, 주요 논문으로 「내담자가 공감적으로 지각하는 상담자 반응분석」(2005), 「슈퍼비전 성과 연구의 동향과 과제」(2008) 외 다수가 있다.

교육봉사
- 교육을 통한 나눔의 실천 -

2010년 8월 25일 1판 1쇄 인쇄
2010년 8월 30일 1판 1쇄 발행

지은이 • 고홍월 · 김은하 · 두경희
펴낸이 • 김진환
펴낸곳 • (주) **학지사**

　　　　121-837 서울특별시 마포구 서교동 352-29 마인드월드빌딩 5층
대표전화 • 02)330-5114　　팩스 • 02)324-2345
등록번호 • 제313-2006-000265호

홈페이지 • http://www.hakjisa.co.kr
커뮤니티 • http://cafe.naver.com/hakjisa

ISBN 978-89-6330-526-4 93370

정가 13,000원